# 推論発問を取り入れた英語リーディング指導

## 深い読みを促す英語授業

田中武夫／島田勝正／紺渡弘幸【編著】
Tanaka Takeo／Shimada Katsumasa／Kondo Hiroyuki

Inferential Questions

三省堂

## はじめに

■ **本書の企画について**

　本書は、中部地区英語教育学会における課題別研究プロジェクトの研究成果をまとめたものです。平成19年夏に2年間の共同研究を開始し、リーディング指導における生徒の読みを深める発問について議論を進め、とくに推論発問に焦点を絞り、考察を行ってきました。本書は、リーディング指導を活性化するために、推論発問を使って何ができるのかについて、現時点での私たちの結論を具体的な形にまとめたものです。

　私たちの研究プロジェクトがどのように進んできたかを紹介します。まず、共同研究を始めるにあたり、中学校や高等学校におけるリーディング指導の現状と課題をメンバーで話し合い、今なお主流である訳読式の指導の問題点など数多くの課題を確認しました。一方、これからの英語教育のあり方をめぐり、単なる知識の詰め込みではなく、学習した知識を活用させる新しい指導が求められてきている中で、リーディング指導においても表面的な理解にとどまらずに、深い理解を促す指導が必要であるとの認識も共有しました。

　そのような現状を打開する解決策の1つとして、教師の発問に焦点を絞って研究を進める意義を確認しました。その後、発問の基本コンセプトを確認し、実際の発問をメンバー全員で考えました。高校の教科書の中で典型的な説明文と物語文を1つずつ選び、その英文テキストについて発問を考え出しました。その中で優れた発問について議論した結果、生徒の読みを深める発問の1つに、推論発問（inferential questions）があることが徐々に見えてきました。

　議論を深める中で、推論発問の中でも、とくに、テキスト情報をもとにした推論発問が、リーディング指導において重要であることがわかってきました。テキスト情報の中にヒントがある推論発問は、思いつきの推論とは異なり、生徒にテキストを何度も読ませることになり、効果的なリーディング指導につながると考えました。

　そして、研究プロジェクトは2年目に入り、この推論発問には、どのよ

うな効果があるかを実際に調べることにしました。メンバー全員が自分なりに仮説を立て、多様な角度から推論発問の効果を調査した結果、推論発問には、生徒の読みを深く豊かにする、テキストの事実情報を読み取らせる、文法形式を意識させる、生徒同士の協同学習を促すなど、リーディング指導を効果的なものにする、多様な効果があることがわかってきました。これらの調査の結果から、推論発問が、リーディング指導を効果的に行うためのカギになる重要な要素であることを確信し、これまでの私たちの議論を本書の形にまとめるに至りました。

## ■ 本書の目的と構成について

　本書を手にされた読者の中にも、リーディング指導でちょっとした推論発問を活用することで、授業に活気が生まれたという経験のある方がいらっしゃると思います。しかし、そのような発問をどのように作り出せばよいのかコツを知りたいという方や、生徒の深い読みを促す一歩進んだ推論発問をぜひ作ってみたいとお考えの読者の方もいらっしゃることでしょう。

　推論発問を使ったちょっとした指導の工夫は、いつでも誰にでもできます。テキスト情報をもとに、テキストには直接書かれていない内容を推測させる発問を活用することで、テキストのメッセージに生徒の意識を向けることになり、生徒を読解活動にうまく引き込むことができるのです。リーディング指導における教師の発問に、推論発問を少し加えることで、テキストを繰り返し読まざるを得ない状況を作り出します。教師がテキストの意味を一方的に解説するのではなく、テキストの意味を生徒の力で主体的に理解させることが可能です。テキストの主題の解釈に関して生徒とやりとりをすれば、豊かで、かつ、深い読みを促すことになります。

　本書の目的は、どのように推論発問を作り出し、授業の中でどのように活用することができるか、具体的なアイデアを提案することにあります。そこで、まず第1章では、推論発問とは何かという基本概念を明らかにし、第2章では、どのような推論発問を作ればよいのかについて、その原理原則を提示します。第3章から第5章までは、テキストのどこに着目すれば面白い推論発問ができるのかを、具体的なテキスト例をもとにしながら、テキストタイプごとにアイデアを提示します。第6章では、どのような点に注意して推論発問を行えば、より効果的な実践ができるのかを提案しま

す。第7章では、実際の授業の中で推論発問をどのように活用することができるのかを授業展開例とともに示します。そして、第8章では、推論発問をリーディング指導で実際に活用すると、どのような効果が見られるのかといった調査結果を提示します。

　読者の方には推論発問の秘めた力をぜひ知っていただき、目の前にある英文テキストを使って推論発問をどのように作ればよいのか、どのように推論発問を活用することができるかなど、本書からヒントを見つけていただければ幸いです。日頃の授業にちょっとした工夫を加えてみたいという先生方や、生徒の知的好奇心をくすぐり、活気あるリーディング指導を行いたいと思っている先生方に、また、テキストのメッセージを大切にして生徒の心に残るようなリーディング指導を行いたいと考えている先生方に、本書が少しでも参考になることを心より願っています。

　三省堂編集部の富岡次男氏には、本書の出版企画をご快諾いただき、貴重な機会を作っていただきましたことを、心から感謝いたします。

　　　　　　　　　　　　　　　　　　　　平成23年7月1日
　　　　　　　　　　　　　　　　　　　　編著者代表　田中　武夫

# 目　次

　　はじめに　　　　　　　　　　　　　　　　　　　　*3*

## 第1章　推論発問のすすめ
1.0　リーディング指導の問題点は何か　　　　　　　*10*
1.1　推論発問とは何か　　　　　　　　　　　　　　*12*
1.2　なぜ推論発問に着目するのか　　　　　　　　　*14*
1.3　読解過程における推論の働きとは　　　　　　　*18*
1.4　リーディング指導での推論発問の役割とは　　　*20*

## 第2章　推論発問づくりのポイント
2.0　推論発問づくりの原則　　　　　　　　　　　　*24*
2.1　明確性の原則：問いを明確にする　　　　　　　*28*
2.2　意見差の原則：異なる意見を引き出す　　　　　*30*
2.3　証拠の原則：本文中に証拠を探させる　　　　　*32*
2.4　挑戦性の原則：挑戦的な問いにする　　　　　　*34*

## 第3章　会話文での推論発問
3.0　会話文では何を問うのか　　　　　　　　　　　*38*
3.1　行動の目的や意図を推測させる　　　　　　　　*40*
3.2　場面や状況を推測させる　　　　　　　　　　　*42*
3.3　人物の性格や心情を推測させる　　　　　　　　*44*
3.4　行動や出来事の結果を推測させる　　　　　　　*46*
3.5　テキストにない動作や言葉を推測させる　　　　*48*

## 第4章　物語文での推論発問
4.0　物語文では何を問うのか　　　　　　　　　　　*52*
4.1　行動の目的や意図を推測させる　　　　　　　　*54*
4.2　場面や状況を推測させる　　　　　　　　　　　*58*
4.3　人物の心情や性格を推測させる　　　　　　　　*60*
4.4　行動や出来事の結果を推測させる　　　　　　　*64*

| | | |
|---|---|---|
| 4.5 | テキストにない行動や言葉を推測させる | *66* |
| 4.6 | テキスト全体の主題を推測させる | *70* |

## 第5章　説明文での推論発問

| | | |
|---|---|---|
| 5.0 | 説明文では何を問うのか | *74* |
| 5.1 | 語句や表現の選択の意図を推測させる | *76* |
| 5.2 | 筆者の態度や意見を推測させる | *78* |
| 5.3 | パラグラフの目的や要点を考えさせる | *80* |
| 5.4 | 前後の内容を推測させる | *82* |
| 5.5 | テキスト全体の主張を考えさせる | *84* |

## 第6章　効果的な推論発問活用のポイント

| | | |
|---|---|---|
| 6.0 | 効果的に推論発問を活用するために | *90* |
| 6.1 | 魅力的な推論発問を作り出す | *92* |
| 6.2 | 推論発問の目的を明確にする | *96* |
| 6.3 | 推論発問の実施方法を計画する | *100* |

## 第7章　推論発問を取り入れた授業の実際

| | | |
|---|---|---|
| 7.0 | レベルに応じた授業展開例 | *108* |
| 7.1 | 中学校での授業（会話文） | *110* |
| 7.2 | 高校での授業（物語文） | *120* |
| 7.3 | 高校での授業（説明文） | *130* |

## 第8章　推論発問の効果の検証

| | | |
|---|---|---|
| 8.0 | 推論発問にはどのような効果があるのか | *146* |
| 8.1 | 読みへの意欲を高め、深い読みを促すのか | *150* |
| 8.2 | テキスト情報をどれだけ記憶できるか | *160* |
| 8.3 | 推論発問は事実情報の理解とどう関係しているか | *167* |
| 8.4 | 推論発問は文法への気づきを促すか | *174* |
| 8.5 | 推論発問は協同学習をどのように促すか | *182* |
| | 教科書テキスト出典 | *192* |
| | 参考文献 | *194* |

第 ① 章

# 推論発問のすすめ

- 1.0　リーディング指導の問題点は何か
- 1.1　推論発問とは何か
- 1.2　なぜ推論発問に着目するのか
- 1.3　読解過程における推論の働きとは
- 1.4　リーディング指導での推論発問の役割とは

## 1.0　リーディング指導の問題点は何か

■ リーディング指導の問題点とは

　私たちが、日々の授業で行っているリーディング指導には、どのような問題があるのでしょうか。まず、次のチェックリストを使って、自分のリーディング指導を振り返ってみましょう。

---

《英語リーディング指導に関するチェックリスト》

・リーディング指導が苦手である……………………… □Yes　□No
・生徒がテキストをあまり読みたがらない…………… □Yes　□No
・テキストを訳させて解説するだけの指導である…… □Yes　□No
・リーディングの授業はいつも単調で活気がない…… □Yes　□No
・テキスト全体のメッセージを捉えさせることがない‥ □Yes　□No
・どうしたら生徒の読みが深くなるかイメージできない
　……………………………………………………………… □Yes　□No

---

　複数の項目に Yes がつく場合、日々のリーディング指導に問題を強く感じていると思われます。生徒がテキストの内容に興味を示さず、どうすれば主体的にテキストを読んでくれるか悩んでいる先生方が多いかもしれません。テキストを生徒に読ませても、和訳させてから音読させるのみで、授業がワンパターンになってしまっていて、なにか工夫してみたいというケースもあるでしょう。逐語訳的な読みのみに終始していると、退屈で単調な授業になりがちです。このような授業をなんとかしたいと思っても、そのためのアイデアが思い浮かばず、糸口がなかなかつかめないでいる先生方は多いものです。

■ リーディング指導で取り組むべき課題

　このように、リーディング指導を振り返ってみると、私たち教師が取り組むべき課題や教師の願いが少しずつ見えてきます。

第1章　推論発問のすすめ

《英語リーディング指導に関する教師の願い》
① テキストを読みたいと思わせるような魅力的な読解活動を作りたい。
② テキストを異なる角度から繰り返し読ませたい。
③ テキストの部分的な読みだけでなく全体を読み取らせたい。
④ テキストの深い読みを促すような指導をしたい。
⑤ 多様な解釈が生徒から出てくる活気ある授業をしてみたい。

　①のように、生徒がテキストを読みたいと思わせる魅力的な読解活動を作り出すためには、テキストを読む目的を作り出したり、テキストを読む価値を感じさせたりするような工夫が必要です。
　②のように、授業中に生徒がテキストを自然に何度も読んでみたいというのが理想です。そのためには、読ませるたびに異なる視点を与えるなど、繰り返し読む必然性を意図的に仕掛けていく必要があります。
　何も計画しないで授業に臨むと、テキストを逐語的に訳して授業が終わってしまいがちです。しかし、③のように、テキストの部分的な意味だけでなく、テキスト全体の意味を理解させるようにしたり、また④のように、生徒がテキストを深く読み込むよう工夫したりして、⑤のような、生徒が自分の考えや解釈を積極的に発言する活気あふれた授業にしたいものです。そのためには、授業計画の段階で、少しでも魅力的な読解活動を考えることが必要になります。

■ 推論発問の活用
　このような課題に対処するために、いったい私たち教師は何から取り組めばよいのでしょうか。すぐに取り組むことができるのは、教師が生徒に与える発問を見直すことです。魅力的で豊かなリーディング指導を行うためには、発問の中でも、とくに推論発問をうまく活用してみることです。本書では、リーディング指導における推論発問に焦点を絞り、推論発問とはいったい何か、どのように推論発問を作ればよいのか、どのように推論発問を活用すればよいのかなどを考えながら、リーディング指導を豊かにするポイントを提示することにします。

## 1.1　推論発問とは何か

■ 発問とは

　豊かなリーディング指導を考えるためには、教師が生徒に投げかける発問が大きなカギとなります。ここでの発問とは、生徒が主体的に教材に向き合うように、授業目標の達成に向けて計画的に行う教師の働きかけを指すことにします（発問のコンセプトについては、田中・田中，2009a を参照）。リーディング指導における発問には、どのようなタイプがあるのでしょうか。ここでは3つの異なるタイプの発問を見てみます。

■ 事実発問・推論発問・評価発問

　リーディング指導の中で、教師が生徒に投げかける発問には、さまざまなタイプの発問が考えられます（e.g, Been, 1975; 池野，2001; Nuttall, 2005）。本書では発問を、事実発問、推論発問、評価発問の3つのタイプに分けて見ていくことにします。

　まず、次の例文をもとに、この3タイプの発問の特徴を具体的に見てみましょう。このシンプルな英文に関して、どのような発問が考えられるでしょうか。

　（例）　Mary flies to the Occident twice a year to buy fashionable clothes.

（Been, 1975 を参照）

　まず、リーディング指導の中でもっとも一般的に使われている発問の中には、「Mary は年に2回どこへ行くのでしょうか（Where does Mary go twice a year?）」というタイプの発問があります。このような発問は、テキスト上に直接書かれた情報を読み取らせるものであり、事実発問（fact-finding questions）と呼ばれます。文中の "the Occident" がどこのことか意味がわからなくても、この問いに答えることができます。つまり、問いの答えに当たる部分をテキストの中からそのまま抜き出して答えれば、正解を得ることができるような問いです。

次に、同じテキストをもとに、「Mary はお金持ちでしょうか(Does Mary have a lot of money?)」という発問をすることも可能です。Maryが裕福かどうかはテキスト上に直接的には書かれてはいません。しかし、"Mary flies to ..."という部分や、"to buy fashionable clothes"という情報を読み、「Maryは飛行機で年に２回、しかも、流行の服を買うためにどこかに行く」という情報から、Maryは恐らく裕福であることが推測できます。このような問いは、テキスト上には直接示されていない内容を推測させるものであり、推論発問(inferential questions)と呼ばれます。

最後に、次のように問うことも可能です。「もしあなたが裕福であれば、服や娯楽にお金を使いますか(Imagine you have a lot of money. Would you spend it on clothes and pleasure?)」この問いは、テキスト内の情報を尋ねるのではなく、テキストに書かれた情報に対する読み手の考えや態度を表明させる点で、他の２つの発問とは異なるタイプの問いであり、評価発問(evaluative questions)と呼ばれます。

表1.1.1 発問の３つのタイプ

| 発問のタイプ | 特　徴 | 例 |
| --- | --- | --- |
| (1) 事実発問 (fact-finding questions) | テキスト上に直接示された内容を読み取らせる | Where does Mary go twice a year? |
| (2) 推論発問 (inferential questions) | テキスト上の情報をもとに、テキスト上には直接示されていない内容を推測させる | Does Mary have a lot of money? |
| (3) 評価発問 (evaluative questions) | テキストに書かれた内容に対する読み手の考えや態度を答えさせる | Imagine you have a lot of money. Would you spend it on clothes and pleasure? |

(Been, 1975; 池野, 2001; 島田, 2009を参考にして筆者が加筆したもの)

本書では、これら３つのタイプの発問のうち、とくに推論発問に焦点を絞り、推論発問の作り方や活用の仕方について考えていきます。なぜ推論発問に着目するのかについては、次節で見ることにします。

## 1.2 なぜ推論発問に着目するのか

### ■ 読解力とは

　リーディング指導の中で発問を考えるためには、まず、私たちがどのような読解力を育成するのかを考える必要があります。読解力とはどのようなものかを考える上で、ここでは、2003年および2006年に行われた経済協力開発機構（OECD）により実施された生徒の学習到達度調査（PISA）を参考にして考えてみましょう。

　PISAの調査では、読解力（reading literacy）は、「自らの目標を達成し、自らの知識と可能性を発達させ、効果的に社会に参加するために書かれたテキストを理解し、利用し、熟考する能力」であると定義されています。その読解プロセスには、「情報の取り出し（retrieving information）」、「テキストの解釈（interpreting texts）」、「熟考・評価（reflection and evaluation）」の3つの要素が含まれると捉えられています。「情報の取り出し」とは、テキストに書かれている情報を正確に取り出す力を指し、「テキストの解釈」とは、テキストに書かれた情報から推論してテキストの意味を理解する力を指します。「熟考・評価」とは、テキストに書かれた情報を自らの知識や経験に関連づけることができる力を指しています。

表1.2.1　PISAの読解力と捉え方

| 読解力の要素 | 特徴 | 例 |
| --- | --- | --- |
| （1）情報の取り出し | テキストに書かれている情報を正確に取り出す | この手紙は誰からのものですか |
| （2）テキストの解釈 | 書かれた情報から推論して、テキストの意味を理解する | この2つの手紙のそれぞれに共通する目的は次のうちどれですか |
| （3）熟考・評価 | 書かれた情報を自らの知識や経験に関連づける | あなたは、この2通の手紙のどちらに賛成しますか |

（国立教育政策研究所，2007をもとに筆者が加筆修正したもの）

第1章　推論発問のすすめ

　PISA の調査によれば、日本の生徒はテキストに書かれている「情報を取り出す」力に比べ、「テキストの解釈」や「熟考・評価」の力が弱いとされています。この結果を踏まえ、新しい学習指導要領において、すべての教科で「テキストの解釈」や「熟考・評価」といった読む力を高めることの必要性が示されることになりました。

■ 読解指導における発問の現状について

　「情報の取り出し」「テキストの解釈」「熟考・評価」といった3つの要素は、前節で見た、事実発問、推論発問、評価発問の3つのタイプに対応していることがわかります。つまり、事実発問は、テキスト上の「情報の取り出し」をさせる発問にあたり、推論発問は、「テキストの解釈」を求める発問であり、評価発問は、「熟考・評価」を引き出す発問にあたります。

　では、実際の授業では、どのようなタイプの発問がよく使われているのでしょうか。それを知る上で、深澤（2008）の研究は1つの示唆を与えてくれます。この研究では、高等学校の教科書に掲載されている読解発問を5つの範疇に分け（文字通りの理解、再構成・再解釈、推論、評価、個人的反応）、分析しました（図1.2.1）。その結果、教科書で見られる発問は、文字通りの理解、および、再構成・再解釈を求める事実発問のタイプが大部分を占めており、他のタイプの発問は極めて少ないことが報告されています。

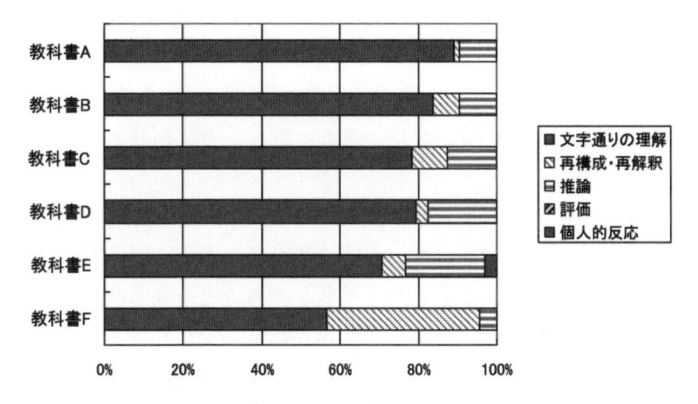

図1.2.1　高等学校の教科書に見られる発問のタイプ（深澤，2008 を参考）
※凡例には示してあるが、「評価」発問は実際には例がなかった。

このことから、私たちが授業の中で確かな読解力を育成していくためには、文字通りの理解を求めるような事実発問だけではなく、推論発問を含めた異なるタイプの発問を準備し、バランスよく授業の中で発問を行っていくことが求められていることがわかります。

■ 推論とは何か：橋渡し推論と精緻化推論

　私たちがテキストの意味を理解するためには、テキストに書かれている情報を文字通り理解するだけでは不十分であり、テキストに書かれていない情報も読み取る必要があります。テキストに書かれている情報をもとに、書かれていない情報を読み取るこの作業は、推論（inference）と呼ばれています。この推論には、大きく分けて、橋渡し推論（bridging inference）と精緻化推論（elaborative inference）の2つがあります（Singer, 1994; Koda, 2004）。

　では、具体例をもとに、この2つの推論の違いを見てみましょう。

（例1）　歯は痛み無く抜かれた。歯医者は新しい方法を使った。

　この例1において、第1文と第2文の意味的なつながり、つまり、2文の間の一貫性を読み手が読み取るためには、第1文の「歯」は、第2文の「歯医者」によって抜かれたものと解釈する必要があります。このような文と文の間の意味的な結束性を保つために行われる認知的作業は、橋渡し推論と呼ばれます。

（例2）　歯は痛み無く抜かれた。患者は新しい方法が好きだった。

　一方、例2では、読み手が第1文と第2文の意味を理解する際には、第1文にも第2文にも明示されていない「歯医者」という情報を補って、「歯を抜いたのは歯医者である」という解釈をすることがあります。文章をより詳しく理解するために、文章には明示されていない情報を補足する認知的作業は、精緻化推論と呼ばれます。この精緻化推論は、2つの文が表す表現のギャップを埋めることによって、この文が描写する場面や状況を深く理解するのに役立ってきます。この橋渡し推論と精緻化推論をまとめると、次の表1.2.2のようになります。

表 1.2.2　2 つの推論

| タイプ | 特　徴 | 具体例 |
|---|---|---|
| 橋渡し推論<br>（bridging inference） | 文と文の間の意味的な結束性を保つための推論 | 「歯は痛み無く抜かれた。歯医者は新しい方法を使った」 |
| 精緻化推論<br>（elaborative inference） | 文章をより詳しく理解するために、文章に明示されていない情報を補う推論 | 「歯は痛み無く抜かれた。患者は新しい方法が好きだった」 |

（甲田，2009 をもとに筆者が表にしたもの）

　では、これらの2つの推論をそれぞれ発問の対象にした場合を考えてみましょう。まず、橋渡し推論を発問とする場合、例えば例1の文において、「第1文の『歯』は誰が抜いたものですか？」と尋ねることになります。この場合、第2文の主語である「歯医者」が唯一の正解になります。つまり、橋渡し推論を発問にすると、テキスト上の情報のみで正解が導けます。

　一方、精緻化推論を発問とする場合、例2において、同じく「第1文の『歯』は誰が抜いたものですか？」と尋ねることになります。この問いの正解は「医者」になりますが、この問いに答えるためには、文中の「歯」や「患者」という語をもとにして、その文が表す状況やイメージを読み手は頭の中に連想させる必要があります。つまり、精緻化推論を発問の対象にすると、読み手はテキスト情報をもとに背景知識を活性化させながら、テキストを読むことになります。

　本書では、上で述べた2つの推論のうち、とくに、精緻化推論に着目することにします。文章に明示されていない情報を補う精緻化推論を促す発問は、読み手のテキスト理解をより深める働きがあり、豊かで魅力的なリーディング指導を考えるための1つの重要なカギになるものと考えられるからです。次節では、読解における推論の働きについてさらに詳しく見てみることにしましょう。

## 1.3　読解過程における推論の働きとは

■ テキスト理解の3つのレベル

　テキストの深い理解とは、どのようなことを意味するのでしょうか。また、深い理解において、推論はどのような働きをするのでしょうか。そこで、まずテキスト理解とはどのようなものかを考えてみることにします。私たちが、あるテキストを理解するためには、テキスト情報を理解するだけではなく、読み手の知識やテキスト情報をもとにした推論も行われると考えられています。

　Kintsch(1998)は、テキストを理解するプロセスを、表層的記憶(surface memory)、命題的テキストベース(propositional textbase)、状況モデル(situation model)の3つのレベルに区別しました。次の例3をもとに、テキストの理解の3つのレベルについて詳しく見てみましょう。

　（例3）　Jack missed his class because he went to play golf. He told his teacher he was sick.

(Kintsch, 1998, p.106)

　表層的記憶とは、この文の1語1語の意味やそれらの語同士の関係を理解するレベルを指します。命題的テキストベースとは、表層的テキスト形式をもとに、各文が表す情報である「ジャックは授業を欠席した」「彼はゴルフに出かけた」「彼は先生に言った」「彼は病気だった」という各文の意味（つまり、命題）を理解するレベルを指します。そして、状況モデルとは、文章の一貫した意味関係を理解することに加え、「ジャックは授業をズル休みした」といった、テキスト上には示されていない推論を付け加えて、その文章が表す全体の意味（つまり、上位の命題）を理解するレベルを指します。

　このように、テキストの理解は、テキスト情報の言語的な理解と、文の概念的な理解、そして、文と文の関係に読み手の知識や推論を加えた理解という異なる段階を含んでいると考えられています。

## ■ テキスト理解を深くするものとは

では、テキスト理解が深くなる過程において、推論はどのような働きをするのでしょうか。読解過程の3つのレベルのうち、とくに、状況モデルに注目してみましょう。「ジャックは授業をズル休みした」という推論は、例3の文には直接書かれているものではありません。それは、「ジャックはゴルフをするために授業を欠席し、先生に病気だと言った」というテキスト情報と、私たちが頭の中にすでに持っている「嘘をついて授業をサボる」という日常の経験をもとに導き出したものです。

テキストには明示されていない情報をテキスト理解に追加するこの認知作業は、前の節で見た精緻化推論にあたります。つまり、精緻化推論は、テキストに表された意味内容に、読み手の日常経験や既有知識からの情報を付け加え、そのテキストの意味内容をより包括的に、より具体的に理解するのに役立つことがわかります。したがって、精緻化推論は、文と文の表現間のギャップを埋めたり、テキスト全体の一貫した意味を補ったりするだけでなく、私たちのテキスト理解を深めたり、豊かなものにしたりするために重要な役割を果たす可能性があることが見えてきます。

ここでは、シンプルな例文をもとにテキスト理解を考えてきましたが、もっと長いテキストの場合においても同じことが言えます。テキストに流れる一貫したメッセージや主題をより深く理解するためには、テキストに書かれている情報を理解するだけでは十分でなく、文と文の間に不足している情報を補ったり、既有知識をもとにしてテキスト情報をより具体的に理解したりするなど、読み手による推論が必要になってきます。

次の節では、推論の特徴を生かした推論発問が、読解指導においてどのような役割を持つのかを考えてみましょう。

## 1.4 リーディング指導での推論発問の役割とは

■ 豊かで魅力的なリーディング指導を作り出す

　前節で見たように、さまざまな課題を抱えるリーディング指導において、推論発問は豊かで魅力的なリーディング指導を行うきっかけになる可能性があります。ここで、推論発問の働きについて具体的に見てみましょう。次の英文を使って考えてみます。

（例4）　He threw 3,000 yen bills at the window. She tried to pass him 1,500 yen. However, he wouldn't take it. Then, when the two of them went inside, she bought a big bag of popcorn for him.

（中條，2005 の例文を英語にしたもの）

　この英文を使って指導する場合、どのような発問を考えることができるでしょうか。次の *Example 1* と *Example 2* の問いを比べてみましょう。

---
*Example 1*
　例4の英文を日本語に訳すと、どのような意味になりますか。

---
*Example 2*
　次の問いに答えてみましょう。
　(1)　2人はいったいどこにいるのでしょうか。
　(2)　2人はいったいどのような関係でしょうか。

---

　*Example 1* の問いは、生徒に英文の日本語の訳を求めているのに対し、*Example 2* の発問は、「2人はどこにいるのか」、「2人はどのような関係か」についてテキスト情報から考えさせる推論発問です。*Example 1* と *Example 2* ではどちらが生徒の読みを促すでしょうか。*Example 1* で問うような表面的な意味を取らせるだけの働きかけと比べて、*Example 2* では、以下に述べるような理由から、豊かで魅力的な活動を作り出すきっか

第1章　推論発問のすすめ

けになるものと思われます。

■ テキスト細部を読ませながら全体を読ませる

　***Example 2*** の問いに唯一の正解はありませんが、(1)では映画館が1つの答えとして考えられます。この問いに答えようと、生徒は必然的にテキストの中にヒント情報を探すことになります。テキスト中にある "He threw 3,000 yen bills at the window." や "pass him 1,500 yen" という金額やその行動、そして、"went inside" や "bought a big bag of popcorn" という2人の行動など、テキスト全体に渡った細部の情報をもとにして、「映画館」という場面を推測することになります。

■ 異なる角度から何度もテキストを読ませる

　***Example 1*** のように英文を和訳させただけでは、表面的な意味理解に留まることになります。生徒の力だけで、テキストには明示されていない情報まで理解できるとは限りません。和訳だけで終わらずに、この後、もし ***Example 2*** のような推論発問を教師がさらに行ったとすれば、生徒は、2人のいる場所や2人の関係をつかむために、ヒント情報をテキスト内に探すことになり、同じテキストを繰り返し読むことになります。推論発問をきっかけにして、表面的なテキスト理解から、その状況を含む具体的なレベルの理解を促すことになり、テキストの細部を読ませる機会を増やすことができます。

■ テキストの具体的な理解と深い読みを促す

　***Example 2*** の(2)の答えは何でしょうか。2人がどのような関係なのかを答えるためには、"he wouldn't take it" から、お金を受け取らず女の子にちょっと背伸びをしていい所を見せようとする男の子の様子や、"she bought a big bag of popcorn for him" という、ポップコーンを買ってきた女の子の行動を具体的に理解する必要があります。これらヒントとなる情報から、映画代を払った男の子に気遣う女の子の優しさを読み取ることができれば、2人の関係は付き合って間もない恋人同士であるということが推測できるかもしれません。表面的で平板だった理解が、簡単な推論発問によって、具体的な場面や登場人物の生き生きとした関係が目に浮かぶ、立体的な読みに変わってきます。

*21*

例4は、シンプルなテキストではありますが、2人の関係性が、このテキストの筆者が読者に伝えようとしている主題にあたります。そしてそれは、2人の具体的な行動描写の中に表現されているのです。この主題を具体的に理解するためには、**Example 2** のような推論発問が、読み手にとって大きな助けになることがわかります。

　ここまで見てきたリーディング指導における推論発問の役割をまとめると、次のようになります。

---

《推論発問の役割のまとめ》

① テキストの細部を必然的に読み取らせる。
② テキストの具体的な理解を促す。
③ テキストを異なる角度から繰り返し読ませる。
④ テキスト全体の意味を読み取らせる。
⑤ テキストの主題の理解につながる深い読みを促す。

---

　このように、推論発問は、上で示したように多様で重要な役割があるものと考えられます。
　テキストが伝える情報や意味から、具体的な状況や場面を推測しながら、テキストのメッセージを読み取ろうとする活動は、本来は楽しいものです。英文の訳を求める問いや、テキストに直接答えが書かれているような問いだけではなく、テキスト情報をもとにして推論を促すような発問を活用することで、読みの行為の動機となる生徒の興味を喚起し、豊かで魅力的なリーディング指導を作り出すきっかけになるものと考えられます。

第 ② 章

# 推論発問づくりのポイント

- 2.0　推論発問づくりの原則
- 2.1　明確性の原則：問いを明確にする
- 2.2　意見差の原則：異なる意見を引き出す
- 2.3　証拠の原則：本文中に証拠を探させる
- 2.4　挑戦性の原則：挑戦的な問いにする

## 2.0 推論発問づくりの原則

「教師は授業で勝負する」と言われています。そして、その授業の活性化の鍵を握るのが発問です。読解の授業における発問とは、本文の内容理解を促進させるために、教師が生徒に投げかける問いのことです。したがって、授業を見直すときに、発問の質を問い直すということが重要な視点となります。

伝統的な文法訳読式の読解授業では、教師が文法の説明をした後、生徒は1文ずつ英文を日本語に訳す作業に入ります。そして、逐語訳・逐文訳を積み重ねて全文訳に至ります。この方法には、(1)細かい文法事項にこだわるあまり、全体として何が書いてあるのかを把握できなくなる、(2)言語形式を重視するために、意味(機能)の解釈がおろそかになる、(3)1文1文を同じ重みで順次訳していくので、時間がかかる等の問題点があります。

本章では、文法訳読式に代わるものとして、教師の発問、とりわけ推論発問に注目し、推論発問を作成する上での4つの原則—明確性、意見差、証拠、挑戦性について検討することにします。これらの原則は、推論発問を取り入れた授業案作成時のガイドラインとして、または、授業研究の際の自己評価、相互評価の観点として使用することができます。

**(1) 明確性の原則：問いを明確にする**

発問は、その意図が明確(clear)でなければいけません。発問の後に、生徒が何をしたらいいのかわからなくて、ウロウロしてしまう場合の大半は、発問そのものがわからないのです。つまり、発問の意図が不明確なのです。

明確性の原則は、すべての発問に共通して適用されるべきです。しかしながら、推論発問はその性質上、事実発問よりも抽象度が高くなりますので、その分余計に、明確性に注意を払う必要があります。

発問の明確性は、Yes/No 形式、Either/or 形式、Wh- 形式の順に落ちていきます。つまり、Wh- 形式の答えが多様であるのに対して、Yes/No 形式および Either/or 形式の答えは、選択肢が2つに限定されます。選択肢が示されれば、論点が明確になります。Wh- 形式はその種類によって明確性も異なります。一般的に、Who, When, Where, What は、Why, How

よりも明確性が高いと言えるでしょう。

　発問が事実発問、推論発問、評価発問と移るにしたがい、明確性が減少して、学習負荷が高まります。したがって、学習負荷量を発問形式で調整することが必要になってきます。例えば、推論発問の Wh- 形式では学習負荷が高いと判断されれば、Either/or 形式や Yes/No 形式に変えることによって負荷を軽減することができます。

### (2) 意見差の原則：異なる意見を引き出す

　発問には異なる複数の意見が期待できることが必要です。生徒による意見の対立が、本文における証拠探しの動機づけになります。生徒の反応に適切に応じるためには、教材研究の段階で多様な解釈を試み、生徒から出ると予想される異なる意見をいくつか想定しておく必要があります。

　意見差(opinion-gap)の原則は、前述した発問形式と密接な関連を持ちます。つまり、Wh- 形式に対して、Yes/No 形式および Either/or 形式は、答えの選択肢が2つしかないので明確性は高いのですが、答えの選択肢が2つに限定されているので意見差は小さくなります。

　推論発問は意見の対立を誘発します。対立する意見の違いを明確にし、問題の解決を図るためには意見交換が必要ですから、授業形態はグループ作業(group work)にするといいでしょう。まず、個人で考える時間を確保します。次に、グループ内で意見の交換と共有を行います。そして、グループ間で意見の交換と相互評価を行います。意見交換の際、必ずしもグループごとに1つの意見に集約させる必要はありません。答えが複数あることが授業を活性化しますので、発表時には異なった複数の意見をそのまま提示させればよいでしょう。なお、発表時には私語をなくすため、グループは解散させるなどの工夫が必要です。

　グループ内討議またはグループ間討議で、異なる意見が提示されたとき、教師は「どちらの意見がより妥当か」と問いかけます。そして、より説得力のある証拠を見つけさせます。自分の意見が他の意見よりもより正当であるということを立証する証拠を探したグループ、または個人が評価されます。このように、推論発問を取り入れた読解授業では、授業形態や教師の役割が従来の文法訳読式と大きく変化することになります。

**(3) 証拠の原則：本文中に証拠を探させる**

　事実発問では、答えは本文中に明示されています。したがって、生徒は本文の中から答えをそのまま拾い出せばよいのです。一方、推論発問では、答えは本文中に明示されていませんので、生徒は答えを本文中から抜き出すことはできません。しかし、答えを導くためのヒントが本文中に隠されています。生徒はそのヒントを手がかりに、推理、推論して答えを導くことになります。手がかりは1つしかない場合もありますし、複数ある場合もあります。

　推論発問に答えるためには、生徒は自分の推論の証拠（evidence）探しをすることになります。この証拠探しの作業が、本文を繰り返し読む動機づけとなるわけです。問いに答えるために推論の根拠を本文中から探し求める作業は、目的を伴った能動的な学習と言えましょう。証拠は簡単には見つからないことが多いので、証拠探しの際に、生徒は発問に直接関係する部分だけでなく、必然的に他の部分も読むことになります。

　推論発問を与えると、生徒が勝手な解釈に基づく解答をする場合がよくあります。本文から遊離した討論では、読解は深まりません。授業における教師の役割は議論の整理です。教師は、生徒の意見が本文から遊離した解釈にならないように、常に本文の中から推論の証拠（根拠）を探すように仕向けなければなりません。生徒の独創的な意見を尊重しつつも、「それは本文のどこに書いてあったの？」などと切り返して、生徒の解釈に対してその論拠を明示するように指示します。そして、議論が本文から脱線しないよう軌道修正し、議論をテキストに戻してあげる必要があります。築道（1989b）は、これを「教材回帰の原則」と呼んでいます。また、教師は、どのグループでどんな意見が出ているかをグループ討議の際にモニターして、情報を収集しておく必要があります。この情報をうまく活用して、全体討議に役立てましょう。

**(4) 挑戦性の原則：挑戦的な問いにする**

　発問は、読解作業への意欲を十分に喚起するほどに、挑戦的（challenging）でなければなりません。事実発問が挑戦性に欠けるのは、答えが本文中に書いてあるからです。英語の得意な生徒は、すぐに答えを見つけて退屈してしまいます。一方、推論発問は答えが本文から抜き出せないため、英語の得意な生徒にとっても手ごたえがあり、パズルを解くよう

な挑戦性があります。

　推論発問は、テキストにある明示的な情報をもとに、テキストに明示されていない情報を読み取らせる働きかけであるため、推論発問自体はどのような形であれ、難度の高い挑戦的な発問であると言えます。しかし、答えを導くための証拠となる情報の量とその位置により、挑戦性のレベルが変わります。

　まず、挑戦性は局所発問か全体発問かでそのレベルが異なります。局所発問の場合は、本文中に1つの証拠を見つければ答えを導くことができますが、全体発問の場合は、複数の証拠を見つける必要があるからです。全体発問の場合は、答えを導くために、さらに、その1つの証拠ともう1つの証拠との関係を明らかにする必要がありますので、挑戦性のレベルが一気に上がります。たとえば、図2.0.1に示すように、$Q_1$では$A_1$を導くためには$E_1$という1つの証拠を見つければ十分ですが、$Q_2$では、$A_2$を導くためには、$E_{2A}$および$E_{2B}$の2つの証拠を見つけ出し、両者を1つの推論でつなぐ必要があります。

　また、証拠の配置、つまり、証拠と発問の位置関係により、挑戦性はいくつかのレベルに分かれます。本文において、発問とその答えの証拠との距離が近ければ、レベルは下がります。発問から遠いところに証拠があれば、レベルは上がります。図2.0.1が示すように、$Q_1$では、その近くに$E_1$という証拠を見つけることができますので、比較的やさしい問いと言うことができるでしょうが、$Q_3$では、証拠($E_3$)は問($Q_3$)から遠く離れた位置にあり、やや難しい問いとなります。

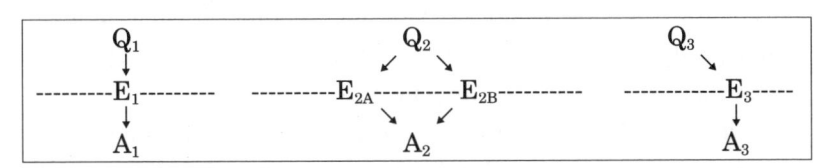

Q: 発問(Question)　A: 答え(Answer)　E: 証拠(Evidence)　-----: 本文(Text)
図2.0.1：局所・全体発問および発問と証拠の距離

　次節からは、推論発問づくりの4つの原則を1つ1つ取り上げて、その具体例とともに見ていきましょう。

## 2.1 明確性の原則：問いを明確にする

発問は明確でなければいけません。発問の後に、生徒が何を答えればよいのかわからなくて、黙ってしまったり、あるいは、ざわついてしまったりする場合の大半は、発問が不明確だからです。明確性の原則は、推論発問に限ったことではありませんが、推論発問の抽象度は事実発問よりも高いため、その分、明確性が求められます。ここでは、具体的なテキストをもとに、明確な発問づくりについて考えてみることにします。

次は、白血病のジョーイが奇跡的に回復する話です。発問の形式を変えることで、明確さが調整されていることに留意して見ていきましょう。

---

**Text 1**

One day, on the way home from a football game, Joey became very sick and went into a coma. "There is little chance of recovery. Why don't you put him in a home?" the doctor said. But no one in Joey's family agreed. They moved his bed to the dining room and took care of him by turns.

Several months passed. Joey was still unconscious, but they talked to him as often as possible. One evening, John came home from college, and was talking to Joey. Joey's fingers moved a little! It was a slow recovery, but Joey started to move his body. Then he began to eat and to talk. In just a few months, Joey stood on his feet and began walking. His doctors were more surprised than anyone else.

Joey now looked well again. He was often seen in the locker room of John's team, and was popular among his teammates. But he still had to go to the hospital very often to have painful treatment.　　　　　　　　　　(*Sunshine English Course 3*)

---

*Example 1* が Yes/No 形式、*Example 2* が Either/or 形式、*Example 3* ～ *Example 5* が Wh- 形式です。順に答えの選択肢が増えて明確性が下がっているのがわかります。また、*Example 3*, *Example 4* のように、誰

第 2 章　推論発問づくりのポイント

> *Example 1*
> 　ジョーイの回復に兄のジョンは驚きましたか。
> *Example 2*
> 　ジョーイの回復に驚いたのは兄のジョンですか、それとも医者ですか。
> *Example 3*
> 　ジョーイの回復に驚いたのは誰ですか。全員を挙げなさい。
> *Example 4*
> 　この中でジョーイの回復に一番驚いたのは誰ですか。
> *Example 5*
> 　なぜ医者が一番驚いたのですか。
> *Example 6*
> 　結局、ジョーイはよくなったのですか。
> *Example 7*
> 　ジョーイはよくなったのですか、それともよくならなかったのですか。
> *Example 8*
> 　ジョーイはどれくらいよくなったのですか。

(who) と問うよりも、*Example 5* のように、なぜ (why) と問うほうが抽象度は高くなります。ここでは、医者はもう回復の見込みはない（There is little chance of recovery）と諦めていたわけですから、医者がジョーイの回復に一番驚いたと解釈すべきでしょう。驚いた人物を全員列挙させて（*Example 3*）、その中から一番驚いた人を特定し（*Example 4*）、その人物がなぜ一番驚いたかを考えさせる（*Example 5*）と効果的でしょう。

　*Example 6* の Yes/No 形式や *Example 7* の Either/or 形式に対して、*Example 8* の Wh- 形式では一気に抽象度が高くなっています。テキストを見てみると、Joey now looked well again という部分から、ジョーイは回復したかに見えます。また、He was often seen in the locker room of John's team から、兄のチームの更衣室にもよく顔を出すようになったことがわかります。しかし、But he still had to go to the hospital very often to have painful treatment という部分から、治療を受けるために頻繁に病院へ行かなければならなかったことがわかります。試合に来る回数よりも病院に行く回数のほうが多いようでは (often < very often)、まだ十分に回復しているとは言えない状態であることが推測できます。

29

## 2.2 意見差の原則：異なる意見を引き出す

すぐれた推論発問を作るためには、複数の意見が出てくるような問いを作ることが求められます。生徒による意見の対立が、本文における証拠探しの動機になるからです。生徒の反応に適切に応じるためには、教材研究の段階で多様な解釈を試み、生徒から出るだろうと予想される異なる意見をいくつか想定しておく必要があります。

次は、特殊な能力を持っているのに、女は族長になれないという村に生まれ育ったカフの話です。生徒からはどんな意見が出るのでしょうか。

> **Text 1**
>
> For many, many years, only men were the leaders of a small Maori village in New Zealand. The leader, Koro, hoped his first grandchild would be a boy. But a girl, Kahu, was born. Koro was so unhappy that he rejected Kahu. He would not teach her the traditions of the village. But she loved him. Her grandmother, Nanny, tried to help but could do nothing.
>
> Koro taught the boys of the village its traditions. "We are people of the whales." He looked for a new leader. "Here." He threw a special stone into the sea. "Bring it to me." The task was too difficult to do. The stone stayed in the sea. Later Kahu went into the sea. <u>She got the stone and gave it to Nanny.</u> "Kahu, you have special powers, but don't say anything yet. The secret is ours."　　(*New Crown English Series 3 New Edition*)

**Example 1**　なぜカフはコロに石を渡さなかったのでしょうか。

生徒からは、「コロはカフに期待していないから、石を持って行っても受け取ってはくれないだろうと思う」、「コロに対しての反抗からそのような行動をとったのではないか」といったコロに対する否定的な意見や、「コロをまた失望させることになるから」というカフのコロを思いやる気持ちを読み取った意見も出るでしょう。また、「女はリーダーになれないからコロ

第2章　推論発問づくりのポイント

に渡しても意味がない」といった制度の問題を指摘する意見があるかもしれません。

　一方、「ナニーなら自分が取ってきたことを信じてくれる」、「親身になってくれるナニーにどうしたらいいか、まず相談しようとしたのではないか」など、ナニーに対しての好意的な意見が出ることが考えられます。「ナニーを通じて自分が石を取ってきたことをコロに伝えてもらう」、といった全く異なった意見が出るかもしれません。

　もう1つの例を見てみましょう。次は、原爆投下時の悲惨な広島の街の様子を、大きな老木が回想したものです。

---

**Text 2**

　　Night came. Some people were already dead. I heard a weak voice. It was a lullaby. A young girl was singing to a little boy. "Mommy! Mommy!" the boy cried. "Don't cry," the girl said. "Mommy is here." Then she began to sing again. She was very weak, but she tried to be a mother to the poor little boy. She held him in her arms like a real mother. "Mommy," the boy was still crying. "Be a good boy," said the girl. "You'll be all right." She held the boy more tightly and began to sing again.

　　After a while the boy stopped crying and quietly died. But the little mother did not stop singing. It was a sad lullaby. The girl's voice became weaker and weaker. Morning came and the sun rose, but the girl never moved again.

　　　　　　　　　　　　　　　　　(*New Horizon English Course 3*)

---

**Example 2**　少女はなぜ子守唄を歌うのをやめなかったのでしょうか。

　生徒からは、「寝入った男の子がまた目を覚ますといけないと思ったから」という意見や、「少女も憔悴しきっていて、その子が死んだことすら気づかなかった」という意見が出そうです。気づいていたとしたら、子守唄は亡くなった子どもへの鎮魂歌となります。焦点は子どもが死んだことに少女が気づいていたか否かに集約されそうです。

　このように、意見差は授業を盛り上げます。異なる意見を推論と証拠の妥当性という観点で相対的に評価すれば、授業はさらに盛り上がります。

## 2.3　証拠の原則：本文中に証拠を探させる

　証拠の原則とは、推論の根拠を本文の中に求めさせることを言います。推論の根拠が本文から遊離していては、クラスでいくら議論しても、読解は深まりません。したがって、教師の役割は、議論の整理となります。議論がテキストから逸れないように、常に議論をテキストに戻してやる必要があります。
　では、具体例を見てみましょう。次は、環境（ごみ）問題を扱った話です。

**Text 1**

　There was an old shrine in a village. One day a storm came and washed the shrine away. The next day people looked for the shrine. But they only found a big hole. People looked into the hole. It was deep and dark. Someone called into it, "Hello? Can anyone hear me?" No echo came back. A boy threw a stone into the hole. He listened, but there was no sound.

　People heard about the hole on TV. They came from far away to see it. One day a man said to the people of the village, "I'll build a new shrine for you. But you must give me the hole." The people of the village agreed. The man advertised the hole as a new dump.

　People gave money to the man and dumped things into the hole. They dumped garbage, test papers, old love letters and so on. Trucks came from many places. They dumped industrial waste, nuclear waste and many other things.（中略）

　One day a young man was working on the roof of a new building. He heard a voice from the sky. "Hello? Can anyone hear me?" it said. He looked up, but he only saw the blue sky. He started working again. Something fell down from the sky and hit the roof near him. But he did not notice. <u>It was the stone!</u>　　　　　　　(*New Horizon English Course 2*)

第2章　推論発問づくりのポイント

> **Example 1**
> この後、空から何が落ちてきたのでしょうか。

　石の次に落ちてきたのはごみ、答案用紙、古いラブレター、産業廃棄物、核廃棄物等々と続きます。要するに、穴に捨てた物がすべてまた、自分たちのところに戻ってくるという皮肉な話です。stone の冠詞が不定冠詞（a）から、定冠詞（the）に変化していることに注目させたいところです。つまり、the stone は少年が最初に投げ入れた a stone にほかなりません。
　次の例は、1人の老人がロイに、ケースの中の剥製の大きな魚は自分が釣ったと嘘をついている場面です。

> **Text 2**
> 　　One evening Roy and Jim went into a little inn on the Thames. An old man was sitting in the dining room.
> *The old man:* Do you like fishing?
> *Roy:* Yes, I do. I've just started fishing. It's fun.
> *The old man:* Look at the big stuffed fish in the glass case up there. I caught it ten years ago. It weighed 18 pounds.
> *Jim:* What a big fish!
> *The old man:* Yes. I was very lucky. Well, I must be going now. Good-by.　　　　　　　　　　（*Sunshine English Course 3*）

> **Example 2**
> どうして老人はロイに「自分が釣った」と嘘がつけたのでしょうか。

　この発問は老人がロイに嘘がつけた理由を考えさせていますが、その答えは本文中に明示されていません。しかし、I've just started fishing. という現在完了形を用いた1文から、ロイが釣りの初心者であることがわかります。そして、釣りのことをよく知らない初心者には、嘘を言ってもわからないだろうという老人の判断があったと推測できます。ここでのポイントは、ロイが初心者であるということが、現在完了形の「完了」の用法を理解していないとわからないという点です。正しい解釈には言語形式の持つ意味に気づかせることが必要です。この発問は現在完了形という言語形式に推論の証拠を求めています。

33

## 2.4 挑戦性の原則：挑戦的な問いにする

　推論発問は、生徒に取り組んでみようと思わせるほどに「挑戦的」でなければなりません。ここでは、答えを導くための根拠となる情報の量と配置を中心に挑戦性のレベルについて考えてみましょう。
　次は、クリスマスプレゼントさえ買う余裕のない貧しい夫婦の物語です。

---

**Text 1**

　　One dollar and eighty-seven cents. That was all. Della counted it again. $1.87. She stood up and looked out of the window. She saw a gray cat that had large gray eyes. It was walking on the gray wall. Everything looked gray.
　　The next day was Christmas Day. Della wanted to get a present for Jim, but <u>she did not have enough money.</u> "Is there anything that I can sell?" she said to herself. Then she stood before the glass and looked at her rich hair for a long time. Della went to a shop that was a few blocks away from her house. In the shop she saw a woman who was sitting behind the counter. "Will you buy my hair?" asked Della. "I buy hair," said the woman. "Take off your hat." Della took it off. "Twenty dollars," said the woman. Della ran to a shop and <u>bought a watch chain.</u> It was twenty-one dollars.
　　　　　　　　　　　(*New Crown English Series 3 New Edition*)

---

**Example 1**
　デラが贈り物を買うのに、あといくら足りないでしょうか。
**Example 2**
　贈り物を買った後の残金はいくらでしょうか。

---

　デラの手持ちのお金は 1 ドル 87 セント、時計の鎖は 21 ドルで、不足分は 19 ドル 13 セントです。この金額を導き出すための複数のヒントが、問うている文からは離れて散らばって配置されています。**Example 1** では、

第2章　推論発問づくりのポイント

生徒はこれらの情報を拾い集め、その情報を統合するために、「21 − 1.87 = 19.13」という計算をしなければなりません。しかも、デラの髪の毛が20ドルであるという、直接関係のない情報により混乱が生じる可能性もあります。**Example 2**のように、「残金はいくらでしょうか」と問えば、今度は、この情報も必要になってきます。

さて、2つ目の例は、筆者（I）のオーストラリアでのキャンプの回想録です。

> **Text 2**
>
> 　There were a lot of animals and birds around the camping places. Every morning the songs of wild birds woke us up. We often came across a number of kangaroos. One night a wombat stole our food left outside the tent. At night we sat around the campfire. We played games and sang together. We looked up at the stars twinkling in the clear sky and talked a lot.
>
> 　I think most of the girls enjoyed the camping trip. Of course, there were some complaints among us. I myself often wanted to go home. However, I came to like the simple outdoor life little by little.
>
> 　In the bus back home we all looked stronger. We were no longer weak city girls. Soon I fell asleep. In a dream I was eating potato chips and chocolate bars. They are my favorite snacks, and I missed them so much during the camping trip.
>
> 　　　　　　　　　　　　　　　　（*Unicorn English Course I*）

> **Example 3**
> 彼女たちの不満とはどんなものだったのでしょうか。

ウォンバットに食べ物を取られた（a wombat stole our food left outside the tent）という記述から、「その中には持参したお気に入りのスナック菓子も入っていたのでは？」と推論することができます。もちろん、自分の経験に基づいて、「キャンプなので入浴できないことを不満に思っている」と答える生徒がいても別段おかしくありません。しかし、最後の段落に、In a dream I was eating potato chips and chocolate bars. とお

菓子の夢を見ている1文があります。したがって、「ウォンバットに食料を盗まれた→スナック菓子が食べられない→不満→帰りのバスの中で菓子を食べる夢を見る」というふうに、本文中のいくつかの記述情報を推論でつないで、「お菓子が食べられないことに不満を感じていた」とするほうがより説得力があると思われます。*Example 3*では、推論が単純計算でなく、ある情報を他の情報と推論でつないで話の一貫性を見つけなければならず、*Example 1* よりもレベルが上がっていることがわかります。

第 ③ 章

# 会話文での推論発問

- 3.0　会話文では何を問うのか
- 3.1　行動の目的や意図を推測させる
- 3.2　場面や状況を推測させる
- 3.3　人物の性格や心情を推測させる
- 3.4　行動や出来事の結果を推測させる
- 3.5　テキストにない動作や言葉を推測させる

## 3.0　会話文では何を問うのか

　会話文では実際のテキストのどこに着目すれば、推論発問ができるのでしょうか。本章では、会話文の推論発問づくりのポイントを見ていきます。

■ **会話文の理解とは**
　会話文とは、通常、2人以上の人物が対話しているものであり、話し言葉をテキストにしたものを指します。実際の教科書では、会話文が、リーディング指導のテキストとしてよく使用されています。会話文では、ある話題について対話がどのように進んでいくか読み取ることになります。

■ **会話文で何を推測させるか**
　この会話文を使ったテキストのどこに着目して推論発問を作ることができるのでしょうか。私たちは、テキストから得た情報をもとにさまざまなことを推測します。テキスト情報から推測する内容には、図3.0.1に示すような、実にさまざまな事柄があります。

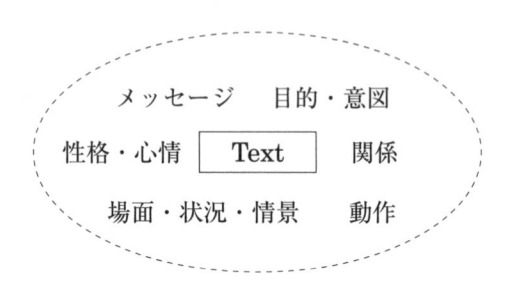

図3.0.1　推論の対象

　文字通りの意味を読み取ることは大切ですが、それだけで授業を終えては、単調な授業になりがちです。ここでは、テキストを深く読み取らせるような推論発問ができないかを考えてみましょう。

## 会話文での推論発問のパターン例

会話文を使ったリーディングの指導において、次のような推論発問のパターンが考えられます。

**A　行動の目的や意図を推測させる**
　　例1）彼はなぜ "Oh, really?" と言ったのでしょうか。
　　例2）彼女はなぜ笑みを浮かべたのでしょうか。

**B　場面や状況を推測させる**
　　例1）彼らはどこで会話をしているでしょうか。
　　例2）2人は待ち合わせ時間に遅れた。○か×のどちらでしょうか。

**C　人物の性格や心情、関係を推測させる**
　　例1）主人公はどのような性格でしょうか。
　　例2）彼は少女のことが好きです。○か×のどちらでしょうか。

**D　行動や出来事の結果を推測させる**
　　例1）この会話の後、彼はどのようなことを言うと思いますか。
　　例2）彼女はこの後、彼に謝罪の電話をした。○でしょうか、×でしょうか。

**E　テキストにない動作や言葉を推測させる**
　　例1）この会話に抜けているセリフは何でしょうか。
　　例2）彼はどのような表情でこのセリフを言ったと思いますか。

　ここからは、実際の教科書本文をもとに、会話文での推論発問を具体的に見ていくことにしましょう。

## 3.1 行動の目的や意図を推測させる

　会話文を扱った指導において、行動の目的や意図を推測させるにはどのような推論発問を問うことができるか、具体的に見てみましょう。次は、冬休みをカナダで過ごした慎と日本で年越しをしたグリーン先生が、冬休み最後の日に公園でばったり出会うという場面です。

> **Text 1**
> *Ms. Green:* Hi, Shin. Thanks for your card. When did you come back?
> *Shin:* I came back last night. Did you enjoy *oshogatsu*?
> *Ms. Green:* Yes, I did. I had a nice time. Did you finish your homework?
> *Shin:* Well … . No, I didn't finish it.
> 　　　　　　　　　　　　　(*New Horizon English Course 1*)

> ***Example 1***　グリーン先生は慎が宿題を終えたと思っていますか。
> ***Example 2***　なぜグリーン先生は "Did you finish your homework?" とあえて尋ねたのですか。

　***Example 1*** の問いには慎が "No, I didn't finish it." と答えているので、多くの生徒はまだ宿題を終えていないと考えるかもしれません。しかし、この発問はグリーン先生が尋ねる前の確信の度合いについて尋ねています。グリーン先生は慎からの絵はがきに「カナダで楽しく過ごしている」("We're having a great time in Canada.") と書いてあったのを覚えています。その上、慎は昨夜カナダから帰国した ("I came back last night.") ばかりです。とても宿題どころではありません。これらが、グリーン先生は慎がまだ宿題を終えていないと思っていると判断する証拠になります。それに、もしグリーン先生に「慎が宿題を終えている」という確信があれば、尋ねたりはしないでしょう。
　そこで、「なぜグリーン先生は『宿題は終わったの?』とあえて尋ねたのですか」という ***Example 2*** の発問に移ります。新学期も明日から始まり

ます。グリーン先生は、慎が宿題をすませたか心配になってきたのでしょう。グリーン先生の発話には、「おそらくまだだろう」という自分の予測を確かめる目的（意図）があったと考えられます。そして案の定、慎からは予想通りの答えが返ってきました。

別の例を見てみましょう。バザー会場でのマイクと絵美の対話です。

> **Text 2**
> *Mike:* Look, Emi! Judy and I have just finished decorating the gate.
> *Emi:* You did a good job.
> *Mike:* Thanks. Have you finished your work yet?
> *Emi:* No, not yet. Putting price tags on used things takes time.
> *Mike:* We'll help you.　　（*New Horizon English Course 3*）

> **Example 3**　中古品に値札をつける作業は本当に時間がかかるのでしょうか。
> **Example 4**　なぜ絵美は "Putting price tags on used things takes time." と言ったのですか。

**Example 3** の問いについては賛否両論の意見が出るでしょう。あえて「本当に」と尋ね、生徒に疑問を持たせます。時間がかかる、かからない、いずれの答えも正解です。これは次の発問を導入する補助発問となります。

次に、**Example 4** の発問で絵美の発話の意図を探ります。時間がかかるからこそ本当に援助が必要だと考えることもできますし、一方では、時間はかからないけれど手伝ってもらって早く作業を終えてしまいたいという絵美の気持ちが反映されていると解釈することもできます。もちろん、手伝ってもらえれば作業が早く終わりますから、実際はたいした時間はかからないのに時間がかかると、少し大げさに言っているのかも知れません。とにかく、絵美は手伝ってほしいのです。つまり、作業の協力を頼んでいるのです。絵美の発話の機能は依頼と解釈できるでしょう。「手伝ってください」と明示的には頼んでいませんが、マイクから "We'll help you." という言葉をうまく引き出しています。マイクも "We" と複数にすることでジュディに「いっしょに手伝おうよ」と呼びかけています。絵美の言葉の裏にある依頼の気持ちに応えたものです。

## 3.2 場面や状況を推測させる

　ここでは、会話文を使って、場面や状況を推測させる発問の例を見てみましょう。次のテキストでは、どのような推論発問を考えることができるでしょうか。

> 健とエマは、自然環境の校外学習で近くの湖に来ている。2人は、双眼鏡で湖を眺めながら、見えるものについて話している。

> **Text 1**
> *Ken:* Do you see any birds?
> *Emma:* Yes I do.
> *Ken:* How many birds do you see?
> *Emma:* Just a minute. I see six birds.
> *Ken:* I see some plastic bags too.
> *Emma:* Oh, dear.
> 　　　　　　　　　　(*New Crown English Series 1*)

　これは、2人の会話からなるシンプルなテキストです。何気ない会話ですが、この会話のポイントは健が見つけた意外なものにあります。そこで、健の目に映っている湖の状況を生徒に直接尋ねるのではなく、次のような推論発問を投げかけてみます。

> **Example 1**
> (1) エマが "Oh, dear." と言ったとき、エマはどのような表情だったと思いますか。
> 　(a) 怒った顔　(b) 笑った顔　(c) 困った顔
> (2) なぜそのように思いますか。

　この発問は、"Oh, dear." と言ったときのエマがどのような表情であったかを尋ねています。答えは、「(c) 困った顔」になります。その理由は、健の "I see some plastic bags too." という言葉にあります。エマが双眼鏡で湖を眺めたとき、見えたのは鳥でした。しかし、健が湖の上に見つけ

たものは、ビニール袋です。鳥を見たとき、エマはたぶん嬉しそうな顔をしていたでしょう。しかし、ビニール袋が浮いていると知らされて困った顔になったものと推測できます。鳥が生息している湖なのに、ゴミが浮いているのはよい環境ではないからです。

　このように、エマの表情を推測するためには、"Oh, dear." と言う前に2人が何を見たり話したりしていたかを理解する必要があります。つまり、エマと健が双眼鏡で観察している湖の状況を具体的にイメージできなければいけません。また、健の "I see some plastic bags too." という言葉が、この発問の答えを選ぶときの重要なヒントになります。ビニール袋が湖に浮かんでいるということは、湖の自然環境にとってよくないということを理解できてはじめて、エマの表情を想像することができるはずです。

　健はなぜ "I see some plastic bags too." と言ったのでしょう。ここから、健の性格を生徒に推測させても面白いかもしれません。自然観察をしていて、ビニール袋が浮いていることに注意を向けるぐらいですから、健は環境に対する意識が高いと思う生徒がいるかもしれません。その他の意見も生徒から出てくるかもしれません。

　このように、場面や状況を推測させるような発問を利用して、テキストを深く読ませるように仕向けることが可能です。もちろん、この場合、推測するためのヒントが必ずテキスト内にあるのが前提となります。

## 3.3 人物の性格や心情を推測させる

　ここでは、会話文において、人物の性格や心情を推測させる発問の例を見てみましょう。次のテキストをもとに、どのような推論発問を考えることができるでしょうか。

> 1993年、スーダンは戦争と飢えで苦しんでいた。しかし世界にはそのことを知る人はほとんどいなかった。写真家のケビン・カーターはこの現状を世界に知らせようと現地へ赴いた。そして、飢えで死にかかっている少女と、そのそばに舞い降りたハゲワシの写真をとり、新聞に発表した。この写真でケビン・カーターはピューリッツァー賞を受賞した。この「ハゲワシと少女」の写真を見ながら、ポールと久美の2人が意見を交わしている。

**Text 1**

*Paul:* That's a really shocking photo, Kumi. But Carter's action was also shocking.
*Kumi:* Why?
*Paul:* Look at the photo. The weakened child was dying. In my opinion Carter had to save the child first.
*Kumi:* Well … Remember, his photo showed the world Sudan's problems. This saved many starving Sudanese.
*Paul:* I see your point. Even a simple action, like taking a photo, can have two sides.

(*New Crown English Series 3*)

　ポールと久美は、写真家ケビン・カーターのとった行動について話し合っています。このテキストを生徒に理解させるために、「ポールや久美は、ケビン・カーターの行動についてどのような意見を持っていますか」といった事実発問を考えることができるでしょう。
　しかし、この会話の人物の性格や心情に着目してみると、次のような発問が考えられます。

第3章 会話文での推論発問

> *Example 1*
> （1）久美の性格は次のうちどれだと思いますか。
>    （a）やさしい　（b）冷静　（c）感情的
> （2）なぜそのように思いますか。

　このテキストには、久美の性格までは直接書かれてはいません。しかし、この2人のやりとりから久美の性格を生徒に推測させることが可能です。この問いによって生徒は、久美はどういう性格なのか、わかる部分を探し出すはずです。

　久美の性格を推測するには、ポールの言ったことに対し、久美はどのように受け答え、さらに何と言っているかをていねいに理解する必要があります。「ハゲワシと少女」の写真を見て、ポールは "Carter's action was also shocking." と言います。これに対し久美は自分の意見を言わず、まずその理由をポールに尋ねています。ポールの "Carter had to save the child first." という考えを聞いて久美は、"Well ..." と少し考えてから自分の意見を述べています。久美の "his photo showed the world Sudan's problems." という言葉から、ポールとは異なった視点で写真を見ていることが理解できます。

　このように、相手の意見やその理由も聞いて、その後にしばらく考えて自分の意見を述べていることから、久美の性格は「(b)冷静」であることがわかります。また、ポールの意見に反対しているわけではなく、別の見方もあると言っていることから、物事を多角的に見ることのできる女の子であることも推測できるかもしれません。

　このように、この推論発問に答えるためには、2人の言った発言の意味だけではなく、発言の視点や受け答えの仕方にも注意を払わなければなりません。そのために、テキスト全体の意味を理解することが求められます。

## 3.4 行動や出来事の結果を推測させる

　会話文において、登場する人物の行動や出来事の結果を推測させる発問を考えてみましょう。基本的に、会話は人物が向き合った状態で進行するコミュニケーションの形態であるため、相手の表情や動作、声の調子、周囲の状況などから、必ずしもすべてを口に出さなくてもコミュニケーションは成立します。したがって、会話の中で、発話者はどのような行動をとり、何が起こったかを補ってみる必要がある場合があります。
　次の会話文において、どのような推論発問ができるかを考えてみましょう。

> ポールと久美は、自然環境の校外学習で近くの湖に来ています。

---

**Text 1**

*Paul:* Look at this flower.　It's beautiful.
*Kumi:* Stop!
*Paul:* What?
*Kumi:* Don't pick the flower. Take a picture.
*Paul:* I see. We live with nature.
*Kumi:* That's right.

(*New Crown English Series 1*)

---

「見てごらんこの花。きれいだね」と、ポールが久美に話しかけるなごやかな雰囲気が、久美の "Stop!" という言葉によってさえぎられます。久美はポールに何かを忠告した後、この2人の会話が、久美の "That's right." で終わっています。そこで、次のような推論発問が考えられます。

---

**Example 1**

　久美が "That's right." と言った後、ポールはどのようなことを言うと思いますか。あるいはどのような行動をとると思いますか。

---

　この発問は、2人の会話の後、ポールの行動を予測させるものです。この発問に答えることができるためには、次のようなことを理解してい

る必要があります。それは、「久美が"Stop!"と言ったとき、ポールは何をしようとしていたのか」という点です。この答えもテキストには直接書かれていません。教科書には、花を摘もうとしているポールの挿絵があり、それがヒントになりますが、久美の"Don't pick the flower."という言葉から、「ポールは花を摘もうとしていた」といった生徒の反応が期待できます。

　その上で、**Example 1**の推論発問を与えます。生徒たちは、今度もテキストの中に手がかりがあるかもしれないと、2人の会話のなかに推論の証拠を探すはずです。久美が"Don't pick the flower."と言った後すぐに"Take a picture."と言葉を続け、ポールがこれに対して"I see."と言っていることから、「きっとポールは花を摘むのではなく、花の写真を撮ると思う」と気づくでしょう。

　しかし、生徒がそこまで気づかない場合は、読みを深めることができるように導く必要があります。「でも、やはり花を摘むと思う？」「ポールが"I see."と言っているよね」などと言って、生徒の気づきを促すことができます。

　このレッスンで学ぶ文法項目の1つに命令文がありますが、生徒は結果を推測するプロセスのなかで、具体的に場面をイメージすることになり、その結果、どのような状況で命令文が使われるかを考えることになります。"Look at this flower."と"Stop!"や"Don't pick the flower."は同じ命令文でありながら、ニュアンスはずいぶん違うこと、また、"Take a picture."は命令というよりは提案の意味合いがあることなど、挿絵も参考にしながら形式と意味を結びつけていくこともできます。

　ポールが"I see."に続けて"We live with nature."と言っていますが、生徒たちは「僕たちは自然とともに生きている」といった抽象的なイメージに留まらず、自然の中にあって自らもその一部として生きていること、したがって、むやみに花を摘むことの愚を悟ったポールが、この言葉を発することによって自然を大切にしようと決意したのだと理解し、この後、ポールはほほえみながら花の写真を撮るだろうと推測してくれることでしょう。

## 3.5 テキストにない動作や言葉を推測させる

　会話文を扱った指導において、テキストにない動作や言葉を推測させるにはどのような推論発問を問うことができるか、具体的に見てみましょう。次の例は、慎はマイクを誘ってバーゲンセールに行きますが、待ち合わせ場所にマイクが遅れて現れるという場面です。

> **Text 1**
> 　*Shin:* Mike, where were you? I was waiting for you at the station.
> 　*Mike:* I was in the library.
> 　*Shin:* What were you doing there?
> 　*Mike:* I was reading a book about baseball. (　　)
> 　*Shin:* Well, come on. The sale is almost over.
> 　*Mike:* Oh, I'm sorry!　　　（*New Horizon English Course 2*）

> **Example 1**
> 　マイクはなぜ遅れたのでしょうか。(　　)に遅れた理由（言い訳）を入れましょう。

　待ち合わせの時間に遅れてしまった理由（言い訳）として、It was very interesting. が考えられます。マイクが遅れたのは、図書館で野球の本を読んでいたからですが、それだけでは不十分です。その本の内容については言及がありません。つまらない本ならばすぐに読むのをやめて、約束の場所へ急ぐはずです。約束の時間も忘れて読みふけったのは、その本がよほど面白かったからに違いありません。そのように解釈すれば、「図書館で本を読んでいた → その本がすごく面白かった → 夢中で読みふけった → 遅れてしまった」というように、話が繋がってきます。

　テキストにない動作や言葉を推測させるのに、場所や内容を指定せず、自由な発想を促すのもいいですが、いろいろな意見が出て収拾がつかなくなってしまう場合があります。議論を焦点化するための方策は、**Example 1** のように、該当する場所と内容を指定することです。

もう1つの例を見てみましょう。駅周辺の駐輪場で自転車が倒れて、久美が腕の骨を折ったという話です。

> **Text 2**
> *Mike:* Did you hear about Kumi?
> *Emi:* Yes. A bike fell on her near the station.
> *Mike:* Right. Poor Kumi broke her arm.
> *Emi:* Too many people park their bikes there.
> *Mike:* I think we need another parking area.
> *Emi:* I think so, too.　　　（*New Horizon English Course 2*）

> **Example 2**
> 下線を引いた文の後にマイクは何と言ったでしょうか。

**Example 2** では、場所は指定していますが、その内容は指定していません。生徒からは、(1) She is in a hospital. (2) Why did the accident happen? などの意見が出るでしょう。ここでは、どちらがより適当かを考えさせましょう。前半だけを見ていると、(1)も悪くはないのですが、後半への話のつながりを考えると(2)のほうがよさそうです。前半部分では、久美が腕を骨折したという事実を述べていますが、後半部分では、駅近辺の駐輪場の自転車の多さが、今回の事故の原因となっていることを示唆しているからです。

> **Example 3**
> マイクと絵美はこの後どこへ行ったのでしょうか。

発問の明確さを高めるために、この後「どうしたでしょう」とせず、「どこへ行ったでしょう」と問うています。この後「どうしたでしょう」と問うと答えが拡散してしまいますが、「どこへ行ったでしょう」と問うと、答えが病院か駅周辺に限られてきます。

　前半部分から推測して「久美の見舞いに病院に行った」、後半部分から推測して「駐輪場の状況を見に駅周辺へ行った」という2つの意見に分かれるはずです。この意見差が授業を盛り上げます。

# 第 ④ 章
# 物語文での推論発問

- 4.0　物語文では何を問うのか
- 4.1　行動の目的や意図を推測させる
- 4.2　場面や状況を推測させる
- 4.3　人物の心情や性格を推測させる
- 4.4　行動や出来事の結果を推測させる
- 4.5　テキストにない行動や言葉を推測させる
- 4.6　テキスト全体の主題を推測させる

## 4.0 物語文では何を問うのか

■ 物語文の理解とは

　物語文とは、ある人物についての出来事が時間順に述べられ、人物の行動や心情が描写される文章を指します。ここでは、偉人のエピソードについて述べられた伝記文も、物語文に含めることにします。このような物語文では、一貫した主題が、情景描写や心情描写を通して暗示的に描かれることがよくあります。その深い部分をどのように生徒に読み取らせるかは、物語文の指導における1つのポイントになってきます。

■ 物語文で何を推論させるか

　物語文を使った指導においては、登場人物は誰か、どのような場面なのか、どのような出来事が、どのような順で起こったのかなど、基本的な情報をつかませることがまず大切です。しかし、文字通りの意味を捉えただけでは、物語文のもつ面白さを味わわせることはなかなかできません。その基本的な情報を理解した上で、登場人物の心情の変化や、物語の背景にある主題などを読み取っていくことが、豊かなリーディング指導のカギになるものと考えられます。

　そこで推論発問を使って、登場人物の心の動きや情景を具体的にイメージさせ、物語文の面白さや豊かな表現に触れさせることで、テキストを楽しく読ませることができます。物語文のテキストから推測できる内容には、先の図3.0.1で見たものと同じです。例えば、登場人物はなぜそのような行動をしたのか、どのような情景なのか、登場人物はどのような気持ちだったのか、その物語の背後にはどのような主題があるのかなど、生徒1人で読んでいてはなかなか理解できない、物語文の面白さや深さ、生き生きとした情景などを、推論発問を起点にしながら、クラスの中で共有していきたいものです。

　この章では、実際の教科書の英文を使って、推論発問で何を問うことができるかを具体的に見ていくことにします。

## 物語文での推論発問のパターン例

物語文を使ったリーディングの指導において、次のような推論発問のパターンが考えられます。

A 行動の目的や意図を推測させる
　例1) 彼はなぜそのような行動をとったのでしょうか。
　例2) 筆者はなぜその表現を使ったのでしょうか。

B 場面や状況を推測させる
　例1) どのような場面（情景）でしょうか。
　例2) どのような音が聞こえてくるでしょうか。

C 人物の心情や性格を推測させる
　例1) 登場人物はどのような気持ちでしょうか。
　例2) 筆者はどのような気持ちでこの表現を使ったのでしょうか。

D 行動や出来事の結果を推測させる
　例1) その後どのようなことが起きるでしょうか。
　例2) 彼はその後何をしたでしょうか。

E テキストにはない行動や言葉を推測させる
　例1) 登場人物はどのようなことを言ったでしょうか。
　例2) テキストに書かれていない言葉を付け足すとすれば何でしょうか。

F テキスト全体の主題を推測させる
　例1) この文に一貫した主題は何でしょうか。
　例2) 筆者は結局何を読者に伝えようとしているのでしょうか。

## 4.1 行動の目的や意図を推測させる

　物語文において、登場人物の行動の目的や意図を推測させる発問を考えてみましょう。物語に配置される登場人物は、どんなに小さな役柄であっても、その行動には目的や意図があります。

　次のテキストは、登場人物の大学1年生の「私」が、初日のオリエンテーションで87歳の女性と知り合う、という物語文の冒頭部分です。このテキストにおいて、どのような推論発問を考えることができるでしょうか。

---

**Text 1**

　On the first day of school, our professor introduced himself and challenged us to get to know someone new to us. I stood up to look around when a gentle hand touched my shoulder. I turned around to find a wrinkled, little old lady who smiled at me brightly.

　She said, "Hi, handsome. My name is Rose. I'm eighty-seven years old. Can I give you a hug?" I laughed and enthusiastically responded, "Of course you may!" and she gave me a giant squeeze.

　"Why are you in college at such a young and innocent age?" I asked. She jokingly replied, "I'm here to meet a rich husband, get married, have a couple of children, and then retire and travel."

　"No, seriously," I asked. I was curious about what motivated her to take on this challenge at her age.

　"I always dreamed of having a college education, and now I'm getting one!" she told me.

　　　　　　　　　　　　　　　　(*Mainstream Reading Course*)

---

　この物語文の特徴は、テンポのよいジョークの応酬にあります。そこで、次のような推論発問を考えることができます。

第 4 章　物語文での推論発問

> **Example 1**
> なぜ「私」は Why are you in college at such a young and innocent age? という尋ね方をしたのですか。(下線は筆者記入)

ひとつ間違えば大変な誤解を生みかねないこのような表現の面白さに、生徒の注意を向けます。まず、innocent の意味をきちんと確認します。辞書の例文でも、普通は child や girl を修飾する「無垢な」というこの形容詞を、なぜ 87 歳の女性が形容詞 young とともに使っているのか尋ねます。

ローズが「私」に声をかけるくだりに注目した生徒たちは、ローズのオープンで気さくな態度から、そのノリで冗談を交えても大丈夫と「私」は判断した、と答えるかもしれません。そこで、次の発問を与えます。

> **Example 2**
> 「私」はローズの返答に満足したでしょうか。

答えは否です。ローズは巧みに「私」の問をかわしますが、「私」はその冗談に "No, seriously." と切り返します。そこで、次の発問を与えます。

> **Example 3**
> このとき、"I said." ではなく、"I asked." となっているのはなぜですか。

「尋ねている」のか「頼んでいる」のか考え、"I asked her to reply seriously, not jokingly." だと気づく生徒がいることを期待します。「私」はこの女性がなぜこの歳で学生となる決意をしたのか、どうしても知りたかったのです。curious という語がその気持ちをよく表現しています。

ここで、**Example 1** の発問を再度与えます。「私」は明るく気さくなこの女性がなぜ学生になったのか知りたかったのですが、"Why are you in college at your age?" とあからさまに尋ねるのが憚られたので、"at such a young and innocent age" と、いわば冗談を交えて婉曲的に尋ねた、といった推論が成り立つことになります。明るく気さくなこの女性に冗談を交えても大丈夫と判断すると同時に、「こう尋ねたほうがかえって相手を傷つけないと考えたから」との推論を期待したいところです。

推論発問によってそれまで何気なく理解していた単語の意味の深さや広がりに気づき英語への感性を磨くことになります。生徒たちは innocent,

curious, jokingly などを、改めて新鮮な気持ちで眺めることになります。
　次のテキストは、漫画「ピーナッツ」の登場人物であるチャーリー・ブラウンの魅力を扱ったレッスンの一部です。

> 今日は父の日。チャーリー・ブラウンを前にして、バイオレットが自分の父親の自慢話を始めます。

### Text 2

　　It is Father's Day and Violet is talking about her father. She tells Charlie Brown that her father is richer than Charlie Brown's dad, and that he is better at sports. Charlie Brown has little to say. He just asks Violet to come with him to his father's barber shop. He tells her that no matter how busy his father is, he always has time to give him a big smile because he likes him. Violet has nothing more to say. She simply walks away. Her father's money and athletic ability cannot compete with a father's simple love for his son.　　(*Crown English Series I*)

　登場人物チャーリー・ブラウンの行動に着目すると、次のような推論発問を考えることができます。

### Example 1
　なぜチャーリー・ブラウンは彼女を自分の父親の店に連れて行ったのでしょうか。

　この発問の前に、「バイオレットはどんな性格かな？」とまず尋ねてみるとよいでしょう。「負けず嫌い」、「あまりよい性格ではない」などと生徒が予想するはずです。その理由を尋ねれば、「自分の父親のほうがチャーリー・ブラウンのお父さんより上だ、とばかり言っている」のように、生徒は比較級に注目して推論するでしょう。そこで、次のように問いかけます。

### Example 2
　チャーリー・ブラウンは彼女の言葉に反論していますか。

　生徒からは、「たぶん、していないと思う。"Charlie Brown has little to say."と書いてあるから」と答えが返ってくるはずです。"Charlie Brown has little to say." の意味がわかりにくいかもしれません。チャーリー・ブラウンは何も言わなかった、と生徒は考える可能性があります。

このテキストは本来、漫画ですが、そのオリジナルが教科書の右ページに掲載されています。冒頭の2人の会話は次のように進んでいます。

*Violet:*　　My dad has more credit cards than your dad!
*Charlie:*　You're probably right.
*Violet:*　　My dad can hit a golf ball farther than your dad.
*Charlie:*　I know... My dad still cuts across his tee shots.
*Violet:*　　My dad can bowl better than your dad.
*Charlie:*　I know... My dad still hasn't learned to give that ball any real lift.

チャーリー・ブラウンは黙っていたのではないようです。バイオレットの誇らしげな言葉に律儀に相づちを打つ彼の姿に生徒はいじらしさを感じるかもしれません。"Charlie Brown has little to say." とは、反論せずに相手の言うことを受け入れることだ、と生徒は理解します。

そこで、***Example 1*** の発問を与えます。まず、バイオレットの発言内容に注目させます。"richer" とか "better" という表現から、彼女がチャーリー・ブラウンの父親と比較し、自らの父親を礼賛していることに気づいた生徒たちは、チャーリー・ブラウンの言葉を入念に分析します。彼は比較級を全く使わず、父親がいかに自分を大切に思ってくれているかを語っているだけです。このことから、チャーリー・ブラウンはバイオレットを父親の店に連れて行ったけれど、どうもそれは自分の父親のほうが素晴らしいということを示すという目的ではなく、ありのままの父親を見てもらい、懸命に働く父親を誇りに思っていることを伝えたかったのだろうと、生徒は推論することになります。

チャーリー・ブラウンの言葉を聞いたバイオレットが、自分の父親のお金と運動能力は、父親が息子を純粋に愛する気持ちには到底及ばないと、ここでもまた比較に捉われながら去って行く場面の面白さも、生徒に感じ取ってほしいところです。

## 4.2　場面や状況を推測させる

　物語文において、場面や状況を推測させる発問について考えてみましょう。次のテキストを使って、場面や状況を考えさせる推論発問を作るとすれば、どのような発問ができるでしょうか。

---
　Martin Luther King Jr. の夢は、人種差別のない社会を作ることだった。1960 年代、アフリカ系アメリカ人はまだ不平等に扱われていた。例えば、彼らが使えないトイレ、バスの座席、水飲み場などがあった。しかし、このような差別をなくそうと戦う人もいた。Mrs Rosa Parks もそのうちの 1 人である。

---

**Text 1**

　Mrs Parks was a black woman who always took the bus home from work. One day she took a seat near the white section. Soon that section filled up. The driver shouted, "Give up your seat, or I'll call the police." She did not move. The police came and arrested her.

〈*New Crown English Series 3*〉

　このテキストは、アメリカでの人種差別に対するバスボイコット運動のきっかけとなった Mrs Rosa Parks の逸話の一部です。Mrs Parks は、運転手の指示に従わず、白人に座席を譲ることを拒否しました。そのため警察に逮捕されてしまいます。この物語文の読み取りのポイントは、当時の人種差別の理不尽さを、生徒に具体的に読み取らせる点にあります。
　そこで、次のような推論発問を考えることができます。

---
**Example 1**
　Mrs Parks がとった行動は、警察に逮捕されても当然の行動でしたか。また、なぜそのように判断しますか。

---

　この発問は、Mrs Parks が乗っていたバスの中の状況を詳細に理解することを要求する発問です。この発問は、一見すると状況を尋ねているよう

には見えません。しかし、問いに答えるためにはバスの中の状況を正確に理解しなければなりません。

　生徒がバスの中の状況を具体的にイメージするためには、まず、Mrs Parks がどこに座っていたかを確認する必要があります。テキストには "she took a seat near the white section" と書かれていることから、白人用の座席には座っていなかったことがわかります。その後バスが混んできて、白人用の座席が満席になり、運転手は彼女に向かって席を白人に譲るよう迫ります。彼女は運転手の指示には従わず、そのまま動かないで無言の抵抗をし、警察に逮捕されてしまいます。

　このように、バスの中の状況を具体的にイメージすることは、この発問に対する答えを考えるためのヒントになります。Mrs Parks はもともと白人用の席には座っておらず、白人用の席が満席状態のところに、後から乗ってきた白人に対して席を譲らなかったという理由で、警察に逮捕されるのはおかしいことである、と考えられます。

　ヒントとなる文を正しく理解すると同時に、テキスト全体をていねいに読んで、内容を深く理解することもまた大切です。Mrs Parks は、なぜ逮捕されてしまったのでしょうか。この発問をきっかけにして、この疑問について考えてみると、当時のアフリカ系アメリカ人がいかに不当に扱われていたかということがわかります。また、そのことに対して勇敢に立ち向かっている人もいたこともわかります。

　このように、出来事の起こった場面の状況を具体的に考えさせる推論発問を通して、物語文の主題をしっかりと生徒に理解させることのできる深い読みが可能となります。

## 4.3　人物の心情や性格を推測させる

　物語文を扱った指導において、どのように人物の性格や心情を推測させることができるでしょうか。単なる想像ではなく、論理的に的確に推測させるためには、テキストに書かれている人物の思考や行動、会話や言葉、他の人物の反応、外見の描写、筆者の説明、物語の展開などをもとに、人物の性格や心情を推測させる必要があります。

　それでは、次のテキストをもとにして、具体的に人物の性格や心情を推測させる発問を考えてみましょう。

> 　刑務所から出てきて金庫破りを繰り返す主人公ジミーは、ある町で美しい女性アナベルと出会い、深い恋に落ちます。ラルフと名前を変えたジミーは、改心して金庫破りをしないと決意し、ジミーとアナベルは婚約します。彼女の父親の経営する銀行に招待されますが、そのとき、アナベルの姪が金庫に閉じ込められてしまいます。アナベルに救いを求められたジミーが、少女を助けるために金庫を開ければ、昔の罪がばれてしまうのですが…。

**Text 1**

　Suddenly there was a cry from a woman. May, Mr. Adams' granddaughter, had playfully closed the door of the safe. Her younger sister Agatha, a nine-year-old girl, was inside.

　The old banker said in a panicked voice, "The door can't be opened because of the timer."

　The mother of the daughter cried, "Open the door! Break it open! Can't anyone do anything? There isn't enough air inside. She won't be able to survive." Annabel turned to Ralph, her large eyes full of tears, and pleaded, "Will you please do something, Ralph?"

　Ralph took a deep breath and suddenly stood up. He brought his old tools from his room and pulled off his coat.

## 第4章 物語文での推論発問

With this act, Ralph D. Spencer moved aside and Jimmy Valentine took his place.

"Stand away from the door, all of you," he commanded in a loud voice. He put his tools on the table. From this point on, he seemed not to notice that anyone else was near. The others watched as if they had lost the power to move.

Immediately, Jimmy went to work on opening the safe. In twenty minutes — faster than he had ever done it before — he opened the safe's door. Agatha ran into her mother's arms.

Actually, this caused Jimmy a lot of problems. Watching his skill in opening the safe, everyone suspected he might be the bank robber of the bank in Jefferson City. It just so happened that a police officer was among the people present. Knowing this, Jimmy said, "Take me to the police." The officer said, "I don't know what you are talking about.... I have never seen you before." He then slowly walked away, out into the street.

*(Orbit English Reading)*

このテキストは、物語のクライマックス部分に当たります。そこで、登場人物の心情に迫る、次のような推論発問が考えられます。

> **Example 1**
> How did Annabel feel when she asked Jimmy (Ralph) for help?

この推論発問を考えさせることで、テキストに書かれている事実情報を正確に理解する必要が出てきます。まず、物語中の説明から、金庫に閉じ込められたアガサはアナベルの姪にあたる幼い少女であることがわかります。また、父親の言葉からは、金庫がタイマー付きで簡単に開けられないことや、閉じ込められた少女の母親の言葉からは、金庫には十分な空気がなく、少女は生き延びることのできない差し迫った状況にあることがわかります。

これらのことを理解した上で、目に涙をためてジミー（ラルフ）に助けを求めるアナベルの外見の描写や言葉から判断すれば、アガサをどうにかし

て助けたいという切迫した気持ちや、救いを求めることができるのはジミー（ラルフ）しかいないという、アナベルの強い思いが推測できるはずです。

> **Example 2**
> What was Jimmy (Ralph) thinking when he took a deep breath and stood up?

ジミーの心情は、本文中では直接的には説明されてはいません。ただ、"Ralph (Jimmy) took a deep breath and stood up."と表現されているだけです。これまでの物語の展開を踏まえた上で、この主人公の描写を考えてみれば、この問いの答えを推測できるはずです。

ジミーはアナベルと婚約し、金庫破りをしないと固く決心していました。ここで金庫を開ければ、昔の金庫破りの罪がばれてしまいます。そうなれば、刑務所に逆戻りとなり、愛するアナベルとの現在の幸せな状況すべてを失ってしまうことになります。しかし、アナベルが必死の思いで救いを求めている状況の中、金庫に閉じ込められた少女をこのまま放っておくわけにはいきません。おそらく、ジミーの心の内には、このような葛藤があったはずです。このように、人物の心情をテキストの描写表現から推測させることにより、深く豊かな読みを引き出すことができるはずです。

> **Example 3**
> Why did the policeman tell Jimmy that he had never seen him before?

この推論発問を通して、なぜ警官がジミーに対して"I have never seen you before."と言ったか、その理由を生徒に推測させることで、この物語の主題について考えさせることになります。警官が何を感じ取ってそのような行動を取ったかは、それまでの物語展開を正確に理解する必要があります。

本文中の説明から、金庫を開けるジミーの手際の良さを見ていた周りの人々は、ジミーがジェファーソン市の銀行強盗ではないかと疑ったことがわかります。そのことから、その場に居合わせた警官も、人々と同じ考えを持ったことは十分に想像できるはずです。

さらには、"Take me to the police."というジミーの言葉から、明らか

に「自分はあの銀行強盗である」と自白しているに等しい状況を理解する必要があります。警官はジミーを逮捕するのが自然な流れであるにもかかわらず、"I don't know what you are talking about.... I have never seen you before." と言って、知らぬふりをしたのです。警官は、少女が金庫に閉じ込められた事態を一部終始見ていたわけですから、おそらく、ジミーの心の内の葛藤をも理解していたことが推測できます。だからこそ、尊い命を救うために自分の持っているすべてを犠牲にするという苦しい選択をしたジミーを許した、と推測することができるでしょう。

　同時に、この警官は人情に厚い人物であることも推測できます。そして、愛する者のために自分のもっとも大切なものを犠牲にすることが、いかに尊いことかを暗に伝えているのです。警官がなぜこのように言ったのか、その心情を推測させる発問によって、この物語の主題に迫らせることができるのです。

## 4.4　行動や出来事の結果を推測させる

　物語文において、登場人物の行動や出来事の結果を推測させる発問を考えてみましょう。冒頭で場面設定がなされ、登場人物に起こる出来事が展開され、次第にクライマックスへと向かう、これが物語の通常の形式です。物語の結果を推測するためには、場面設定から結末までの話の流れを正しく理解する必要があります。

　次のテキストでは、どのような発問を考えることができるでしょうか。

17世紀の英国。内戦で王側についたトーマス卿が秘密裡に帰宅した夜、敵側の議会派兵士が彼を捕らえるためにやって来ます。

### Text 1

　Suddenly the soldiers rushed into the room. Their leader was a tall man with a thin, white face and hard eyes.

　He said, "Lady Mary, where is your husband?"

　"My husband is not here," said Mary quietly.

　"Search the house!" the leader ordered.

　His men looked in every room, but they couldn't find Sir Thomas.

　"Bring your children here," the leader then said.

　In a few minutes the two girls and their young brother were brought into the room.

　"I will talk to the youngest one," said the leader.

　Anthony was only seven years old.

　"He is most likely to tell me the truth."

　The tall leader leaned towards Anthony until his face was near to the boy's. "When did you last see your father?" he asked.

　All was quiet in the room; no one moved, no one spoke.

　"Tonight," Anthony said.

## 第4章 物語文での推論発問

> Mary put her hand to her mouth, and one of the girls began to cry.
> "Where?" the leader asked. Anthony stood there bravely.
> (*Orbit English Series I*)

　緊迫した雰囲気のなかで物語が進行します。何も言わなくても生徒たちは「どうなるのだろう？」と、ドキドキしながら先を読むでしょう。

**Example 1**　この物語は、この後どのような展開になると思いますか。

　生徒は、「このあとアンソニーがトーマス卿の居場所を言ってしまう」や、「部隊長はさらに尋問を続け、トーマス卿を見つけてしまう」などと推測するのが普通でしょう。なぜその考えに至ったのか、テキスト情報をもとに補足的な発問を使って、物語を深く理解させる必要があります。

　まず、「部隊長はどのような人物だろう？」と尋ねてみます。生徒は、部隊長の言葉や動きに注目するでしょう。「命令ばかりで怖そう。夫人にも"Bring your children here."と言っている」、「一番幼い子に詰問しようとするのはひどい」、「自分の顔を幼いアンソニーに近づけて威圧している」など、血も涙もない卑劣な人物であると生徒は感じているはずです。

　そして、「アンソニーが"Tonight."と答えたとき、夫人と2人の娘はどう思っただろう？」と尋ねてみます。"Mary put her hand to her mouth, and one of the girls began to cry."という部分から、「もうだめだと思ったと思う」と答える生徒がいるはずです。また、「部隊長はどう思っただろう？」と尋ねれば、「しめしめこの子は本当のことを言うぞ、と思ったと思う」という答えが出るでしょう。

　そこで、「普通だったらアンソニーはこの後どんな行動をするだろう？」と尋ねれば、「本当のことを言ってしまう」との答えが出てくるはずです。しかし、この後アンソニーは、"In a dream"と述べ、"We went to bed early and I was dreaming about my father when your men woke me up."とまで言ってのけます。アンソニーの毅然とした言動に対し部隊長は、何も危害を加えずにこの場を去っていく、という展開になります。生徒の推測は裏切られることになり、推測すらできなかった物語の展開に意外性や面白さを感じるはずです。このように、推論発問をもとに読み深めた物語は、生徒の記憶に長く残るものとなるでしょう。

## 4.5 テキストにない行動や言葉を推測させる

　物語文を扱った指導において、テキストには書かれていない行動や言葉を推測させるために、どのような推論発問を問うことができるか、具体的に見てみましょう。次のテキストは、あるウェールズ地方のルウェリン王子と、飼い主にとても忠実な猟犬ゲラートにまつわるケルト民話です。

**Text 1**

　There was once a Welsh prince named Llewellyn. His uncle, King David, gave him a fine hunting dog named Gelert. The dog was strong and fast, and could smell a deer one kilometer away. The prince was very proud of Gelert.

　One day, Llewellyn wanted to go hunting with some friends. All his dogs came when he called, except Gelert. The dog stood in the door of the castle and wagged his tail, (1)<u>but he would not leave</u>. Llewellyn became very angry and shouted, "Come on, Gelert. Now!" but the dog did not move. Finally, the prince said to his friends, "Let's go. Leave the stupid dog to play with my child," and he left Gelert behind.

　That day Llewellyn caught nothing and, in the evening, he returned to the castle in a very bad mood. When the prince reached the castle door, Gelert ran out to greet him. The dog was very happy to see his master and wagged his tail. But Llewellyn saw blood on the dog's face. Something was wrong! Llewellyn ran into the castle to his child's room. There was blood everywhere and Llewellyn could not see the little boy. (2)<u>Giving a cry</u>, Llewellyn pulled out his sword and put it through Gelert's heart.

　As the dog died, Llewellyn suddenly heard his child crying under a bed. He ran to the bed and lifted it up to find his little boy perfectly well — and a dead wolf covered in blood! The

第4章　物語文での推論発問

child was safe because Gelert had killed the wolf. (3)Llewellyn was very, very sad. (4)Carefully he picked up Gelert and carried him outside. In a beautiful valley, the prince dug a hole and gently put the dead dog in it. Then Llewellyn covered the grave with a large stone. He put a plaque on the stone: "To Gelert, a faithful dog."　　　　　　　　　　　　　　　(*Vista II Step Two*)

**Example 1**　下線部(1)に "but he would not leave" とありますが、なぜゲラートは狩りに行こうとしなかったのでしょうか。

　ゲラートが王子の命令に背いてまで狩りに同行しなかったのは、すでに近くをうろついているオオカミのにおいを嗅ぎつけていたからでしょう。テキストの導入部分に The dog was strong and fast, and could smell a deer one kilometer away. とあるように、ゲラートは1キロメートルも離れたシカのにおいさえも嗅ぎ取ることができる嗅覚の鋭い猟犬だからです。ゲラートがどうしても狩りについて行かなかった理由がここに暗示されています。狩りにはついて行きたかったけれど、忍び寄るオオカミの気配をすでに感じとっていたからです。子どもを守るためには残ったほうがいいという動物の直感があったのかもしれません。
　この発問は、直接的にテキストにない行動や言葉を推測させるための推論発問ではありませんが、この物語の展開を理解するための補助発問として、重要な役割を果たします。もう1つ、補助発問を示しましょう。

**Example 2**　王子の気持ちはどのように変化していったのでしょうか。

　次のように、王子の気持ちを表す言葉(形容詞や副詞〈句〉)を本文中から拾って、王子の心情の変化を追うことができます。
　　proud → angry → stupid → in a very bad mood → sad → carefully → gently → faithful

(1) "The prince was very proud of Gelert."　王子は優秀な猟犬ゲラートを誇りに思い、友人に自慢したかったわけです。しかし、ゲラートはついて来ないので面目丸潰れです。

(2) "Llywellyn became angry and shouted,"　命令に従わないゲラートにいらつき、怒りを爆発させます。

67

(3) "Leave the stupid dog to play with my child" 狩りについて来ない、従順でないという理由で "stupid" という評価を下しています。

(4) "That day Llewelly caught nothing and, in the evening, he returned to the catle in a very bad mood." 非常に不機嫌で、狩りで獲物が1匹も獲れなかったのも、ゲラートのせいにしているかもしれません。

(5) "Llewely was very, very sad." この悲しみは忠犬を失った悲しみからゲラートを自らの手で殺してしまった後悔、自責の念へと発展していきます。

(6) "Carefully he picked up Gelert and carried him outside." 王子はゲラートを注意深く抱き上げ、外へ運び出します。

(7) "the prince dug a hole and gently put the dead dog in it." 王子は穴を掘り、そっとなきがらを置きます。(6) と (7) のような丁重な扱いに、ゲラートへの王子の感謝の気持ちが読み取れます。

(8) "To Gelert, a faithful dog." 愚かな (stupid) という見下しから、忠実な (faithful) という賛辞へとゲラートへの評価が変わっています。

> **Example 3** 下線部 (2) に "Giving a cry" とありますが、この時、王子は何と言ったと思いますか。

「お前が息子を殺したんだな!」("You killed my son!") 確信に満ちた怒りです。前の段落で、王子はゲラートを「愚かな犬」(the stupid dog) と低く評価しています。従順でない愚かな犬ならば子どもを殺しかねないという疑念が、王子の脳裏に生ずるのは自然です。ゲラートが子どもを殺してしまったに違いないという王子の勘違い、早合点は、子どもと一緒に城にいたのはゲラートしかいないわけですから、状況的な証拠から判断して仕方のないことかもしれません。

> **Example 4** 下線部 (3) の場面で王子は何を見ていますか。王子の目に映ったものを順番に3つ挙げなさい。

王子の視線はベッドの下で泣き声をあげる無傷の子どもから、すでに死んでいる血まみれのオオカミへと移ります。そして、ゲラートが子どもを守ろうとしてオオカミを殺したのだと思い至り、ここで初めて自分の過ちに気づくのです。王子はゲラートを振り向きます。しかし、そこにはすで

第 4 章　物語文での推論発問

に目を閉じたゲラートが横たわっています。ゲラートが狩りについて行っていたとしたら、子どもはオオカミに殺されていたに違いありません。子ども、オオカミ、ゲラートへという視線の移り変わりに注目させたいところです。視線の変化とともに、怒りから安堵、後悔へと移り変わる王子の気持ちの変化に、気づかせたいものです。

> ***Example 5***　下線部（4）のゲラートを抱き上げる前に、王子は何と言ったと思いますか。

　王子はしばし呆然と立ち尽くし、やがて力なくゲラートに歩み寄り、強く抱きしめます。息子の命を救ってくれたゲラートを、自分は殺してしまったという後悔と自責の念が始まります。「何ということをしてしまったんだ」("What a big mistake I made!")、「お前はオオカミから息子を救ってくれた」("You save my son from the wolf.")「だからおまえは狩りに行こうとしなかったんだね」("That's why you didn't follow me.")などの言葉が考えられます。

　当初、王子にはゲラートが狩りについて来なかった理由がわからなかったのですが、狩りについて来なかったのは子どもをオオカミから守ろうとしたからだと初めて気づき、一気に誤解がとけます。しかし、ゲラートはすでに息絶えています。すれ違い、皮肉。物語が一番盛り上がる部分です。

　さらに、王子の気持ちの変化は、その後に続く文 (Carefully he picked up Gelert and carried him outside. In a beautiful valley, the prince dug a hole and gently put the dead dog in it)から読み取れます。いたわりの気持ちが、carefully, gently という副詞に象徴されています。

　2つ目の補助発問で見たように、心情の変化を時系列で並べてみると、sad と carefully の間に、自分は取り返しのつかないことをしてしまったという後悔の念、申し訳ないことをしたという自責の念、許してくれという謝罪の気持ち、息子を助けてくれて有難うという感謝の気持ちが、文章として明示されていないことがわかります。また、最後の場面の動詞を拾うと、pick, carried, dug, put, covered, put といずれも動作を表す動詞ばかりで、regret, apologize などの感情を表す動詞がないことに気づきます。

　物語に散らばった点をつないで連続した1本の線とするには、欠落した「穴」を推論で埋めていく作業が必要になってきます。本文では一番盛り上がる場面の記述が短いので、余計に余韻を残しているのかもしれません。

## 4.6 テキスト全体の主題を推測させる

　ストーリーの理解ができたら、ストーリー全体の主題を考えさせる発問を与えたいものです。主題を考えることによって、登場人物の個々の行動や出来事が、物語全体の中でどのような意味を持つのか理解が進み、生徒を深い読みへと導くことができます。次のテキストは、高校教科書に掲載されている物語文の一部です。

> ある嵐の夜、1匹のヤギが山小屋に避難してきた。その夜、偶然1匹のオオカミも同じ山小屋に避難してきた。しかし、真っ暗闇で相手は見えず、2匹とも風邪で鼻が利かないため匂いもわからない。お互いの「正体」に気がつかないまま、2匹は夜通し語り合った。そして…。

**Text 1**
　"Oh, are you all right?" "I am OK, but I have a cold." "I also have a cold. So I can smell nothing," said the goat. "Neither can I. All we can do is to hear each other."
　The goat was going to say, "You have such a low voice, just like a wolf's," but he did not say it, because he thought it would hurt the newcomer's feelings. The wolf wanted to say, "You have such a high voice, just like a goat's," but he did not say it, because he thought it would be rude. (中略)
　Then another lightning flash came. The terrified two jumped to each other, and hugged. "I'm so scared of lightning." "I'm also afraid of lightning." "We are so much alike." (中略)
"Umm.... How about using this password, 'on a stormy night'?" "Marvelous. See you then." "See you tomorrow."
　Thus the two parted. What will happen to them when they meet?"　　　　　　　　　　　　　(*Exceed English Series I*)

この物語文をもとに次のような推論発問を考えることができます。

第4章 物語文での推論発問

> **Example 1**
> この物語が教えている教訓は、一言で表現すると何だと思いますか。

　この発問は、レッスンの仕上げとして、テキスト全体の主題を考えさせるものです。いきなりテキスト全体の主題を考えさせるのが難しい場合は、順に発問を与えながら、生徒を主題へと導いていくのがよいでしょう。具体的には、次のような問いが考えられます。

・物語に出てくるヤギとオオカミはどんな性格だと思いますか。
・ヤギとオオカミは嵐の夜でないときに出会ったらどうなっていたでしょうか。
・なぜ2匹は意気投合できたのでしょうか。

　これらの問いをもとに、生徒からは、オオカミもヤギも「思いやりがある」「礼儀正しい」「気が小さい」「怖がり」などの意見が出るでしょう。普通に出会っていれば、オオカミはヤギを捕まえて食べようとするでしょうし、一方、ヤギはオオカミに恐怖心を抱くだけで、お互いに心を開くことなどなかったでしょう。しかし、2匹が出会ったのが嵐の夜で、真っ暗闇であったため、何も見えないなか、お互いに心を開き、意気投合します。これらの問いに答えながら、テキストの読みを深めることができていれば、生徒が主題について積極的に考えを巡らせることが期待できます。
　**Example 1** の発問に対し、生徒の意見は分かれるものと予想できます。この物語の教訓は、「友情」と捉えるものもいれば、「先入観」と捉えるものもいるでしょう。その他の考えも出てくるかもしれません。これは、動物の話ですが、2匹の立場を人間に置き換えて考えさせることもできるでしょう。人間社会においても、オオカミとヤギとの関係のように、お互いの人間性について先入観を持たずに、心を開いてわかり合うことが大切なのではないか。そんな問題提起と希望を生徒が読み取ってくれたら、このテキストの理解は十分深まったと言えるでしょう。

第 5 章

# 説明文での推論発問

- 5.0　説明文では何を問うのか
- 5.1　語句や表現の選択の意図を推測させる
- 5.2　筆者の態度や意見を推測させる
- 5.3　パラグラフの目的や要点を考えさせる
- 5.4　前後の内容を推測させる
- 5.5　テキスト全体の主張を考えさせる

## 5.0　説明文では何を問うのか

■ 説明文の理解とは

　説明文とは、ある題材についての事例を示しながら、筆者の主張を提示するような文章を指します。読み手は、筆者の主張を理解するために、その論拠や具体例などを論理展開に沿ってテキストを読みます。説明文において、何が話題になっているのか、全体の主張は何であるのか、主張の論拠は何か、どのように論理が展開されているのか、などのポイントを押さえてテキストを読み取ることになります。一般的には、暗示的に主題を提示する物語文とは異なり、説明文では、筆者の主張を読み手に正確に伝えるために、情報が明示される傾向があります。

■ 説明文で何を推論させるか

　しかし、必ずしも説明文のテキストにすべての情報が明示されているわけでもありません。例えば、読者がすでに知っていると思われる情報はあえて省略されることがあったり、ある主張を読者に納得させるために、通常とは違った配列で意図的に根拠を提示したりすることもあります。あるいは、扱われている話題に対する筆者の姿勢や態度が具体的な語句や表現などから読み取れる場合もあります。このような場合、読み手は推論を働かせ、そのテキストの真意を読み取る必要がでてきます。

　また、この文章全体の意味を集約するような作業においても、読み手は推論を働かせると考えられています（甲田, 2009）。例えば、連続したパラグラフの要点を読み取ったり、次に続く文章の内容を予測して読み進めたりする場合にも推論が働きます。長くて複雑なテキスト情報をより効率的に記憶したり理解したりするために、文章全体の高次の意味に集約することになり、その際に読み手の推論は役立つものと考えられます。

　物語文と同様に、説明文のテキストを正しく理解する際には、テキストから得られた情報をもとに、総合的に推測を働かせながら読み取っていくことが欠かせません。そこで、この章では、説明文において、テキストには明示されていない情報を読み取らせる推論発問を具体的に考えてみることにします。

## 説明文での推論発問の例

説明文を使ったリーディングの指導において、次のような推論発問が考えられます。

**A 語句や表現の選択の意図を推測させる**
例1）本文の "first invention" になぜ二重括弧がついているのでしょうか。
例2）なぜ "had wanted to" と過去完了が使われているのでしょうか。

**B 筆者の態度や意見を推測させる**
例1）この筆者の態度は次のうちどれでしょうか。
　　　a）肯定的　b）否定的　c）中立的
例2）この筆者は次の記述のどれに同意するでしょうか。
（選択肢は略）

**C パラグラフの目的や要点を考えさせる**
例1）主張を展開する上で、このパラグラフの目的は何でしょうか。
例2）第1から第3パラグラフまでの文章にタイトルを1つつけるとすれば、何でしょうか。

**D パラグラフの前後にくる内容を推測させる**
例1）このテキストの前には、何が論じられていると思いますか。
例2）このテキストの後には、どのようなことが述べられると思いますか。

**E テキスト全体の主張を考えさせる**
例1）このパラグラフから筆者のどのような主張が推測できますか。
例2）この文章全体から、筆者はこの話題に対してどのような主張をしていると考えますか。

## 5.1 語句や表現の選択の意図を推測させる

　文章を作成するときに、筆者はたくさんある語句や表現の中から最適なものを選んでいます。そこには筆者の選択の意図があります。これを理解するには、テキストを深く読むことが要求されます。ここでは、説明文において、語句や表現の選択の意図を推論させる発問を考えてみましょう。
　次の英文は、動物の知能を研究している Dr. Irene Pepperberg が、なぜオウムを研究対象に選んだのかを説明しているものです。

Dr. Pepperberg は Alex と Griffin という名の2羽のオウムの知能を研究している。Alex は色、形、材料の名前をたくさん知っており、100以上の単語を知っている。

**Text 1**
　Few scientists have studied the intelligence of parrots. Most scientists have studied chimpanzees and dolphins. Pepperberg likes parrots because they're smart, and they live a long time (often up to 50 years). And, best of all, to communicate with people, parrots don't need to push buttons or use sign language. They can learn to speak.

(*Unicorn English Course I*)

　Dr. Pepperberg は、チンパンジーやイルカではなく、オウムを研究対象に選んだ最大の理由を "They can learn to speak." と述べています。この文のキーワードは "speak" です。それでは、この単語に注目した推論発問を考えてみましょう。

**Example 1**
　"They can learn to speak." とありますが、"speak" を "talk" に置き換えることはできますか。また、なぜそう判断しますか。

　この発問は、なぜ筆者は "talk" という語ではなく、"speak" という語を使用したのかを考えさせる発問になっています。この発問に答えるため

には、まず、"speak"と"talk"の意味の違いがわかっていなければなりません。"speak"の意味は自動詞では「話す、ものを言う」で、"talk"の意味は自動詞では「しゃべる、口をきく」です。また、『Eゲイト英和辞典』によれば、"speak"は「音を出すという点に焦点があり、必ずしも相手とのやりとりは必要としない」ことを意味し、"talk"は「口頭による相手との双方向のやりとりに強調点がある」という特徴もあります。

　次に、どのような場面でこの"speak"という語が使われているかを理解しなければなりません。このテキストにおいて"speak"が登場しているのは、Dr. Pepperbergがなぜオウムを研究対象としているかについて理由を説明しているパラグラフです。オウムは、チンパンジーやイルカとは違って、人とコミュニケーションをとるために、ボタンを押したり、手話を使ったりする必要がないと書かれています。オウムは、人とのコミュニケーションのために「話ができる」と述べられており、そこで、"speak"という語が使われています。

　先ほど見たように、"speak"という語には、話すといっても音を出すという点に焦点があり、必ずしも相手とのやりとりは必要としていないという意味があります。ここでは「口頭による相手との双方向のやりとり」ということまでは考えられていないことが推測できます。以上のことが判断理由となり、***Example 1*** の答えは×となります。つまり、"speak"が選ばれたということは、「オウムは自分で言葉に表すことはできるが、人と会話をすることまではできない」と、筆者が考えているということがわかります。

　生徒たちは上記の発問に答えるため、"speak"と"talk"の違いを理解したり、テキストのどのような場面で使われているのかを確認したりします。このように、1つの語が選択された理由、あるいは、その語を使った意図を生徒に推測させる作業を通して、テキストを深く読ませることができます。

## 5.2 筆者の態度や意見を推測させる

　説明文に書かれている内容に対して、筆者がどんな態度(例えば、肯定的、否定的、中立的など)でいて、どんな意見を持っているのかを読み取ることは、テキスト全体を理解するのに大変重要です。次の **Text 1** は、シンガポール政府による標準英語化運動についての新聞記事をもとにした英文の冒頭です。

---

**Text 1**

　The Singaporean Government says that Singlish is no good, and that their people must learn how to speak good English. Is it possible for the government to make their people speak good English?

　Singapore's leaders have begun the Speak Good English Movement to get rid of a dialect known as Singlish.

　This project may be more difficult than it sounds. It is a fact of linguistic life that languages change. As the English language grows in the world, it is creating new dialects called "Englishes."　　　　　　　　　　(*Crown English Series II*)

---

■ 筆者の態度や意見が表れている箇所に気づかせる

　シンガポールでは、シングリッシュ(Singlish)と呼ばれる独特の英語が広く使われていますが、国際社会でコミュニケーションを図るためには、標準英語を使用することが必要であるというシンガポール政府の政策が書かれています。このテキストに続く部分では、アメリカとイギリスを中心に英語を捉える時代は終わり、国際英語(Englishes)の時代であるという主張などが、国際英語が専門の大学教授などによって述べられています。

　そこで、シンガポール政府による標準英語化運動への筆者の態度や意見が表れている部分に着目し、このテキストを読み取らせることで、テキスト全体の主張を深く理解できる次のような発問を考えることができます。

第5章　説明文での推論発問

> **Example 1**
> 　シンガポール政府による標準英語化運動に対する筆者の態度や意見が表れている文を挙げなさい。そして、その文をもとにして筆者の態度は次のどれか答えなさい。
> 　(a) 肯定的　(b) 否定的　(c) どちらでもない

　この発問は、テキストに書かれていることをもとにして、政府の標準英語化運動に対する筆者の態度や意見を推測させています。とくに、このテキストの文は、客観的に事実が述べられている文と、筆者の態度や意見が表れている文とに分けることができます。このことに気づかせることがポイントです。

■ テキストをもとに筆者の態度や意見を判断させる
　この発問をもとに、生徒は、"Is it possible for the government to make their people speak good English?" という文や、"This project may be more difficult than it sounds." の2つの文に着目するはずです。この2つの文は、客観的な事実ではなく、筆者の態度や意見が表れています。
　"Is it possible ... ." の文は、政府が国民に標準英語を話すことを強いることができるのか、筆者が疑問を呈していますし、使役動詞の "make" が使われていることにも注目させたいものです。一方の "This project may be ... ." の文では、標準英語化運動は、最初に聞いた印象よりも難しいかもしれない、とプロジェクトの成功の可能性に疑問を述べています。これらから、シンガポール政府による標準英語化運動について、筆者は否定的な考えを持っていることが推測できます。
　このように、単に英文を文字通り理解するだけでなく、事実を述べる文と筆者の意見や態度を述べている文の違いに気づかせることで、テキスト全体の主張を正確に理解し、さらには、その主張に対して生徒が自分の意見を持つことができるように導きたいものです。

## 5.3　パラグラフの目的や要点を考えさせる

　文章が論理的に展開するような説明文であっても、筆者の主張が直接はっきりと書かれていないことがあります。そのようなときは、生徒に推論させる必要が出てきます。ここでは、パラグラフの目的や要点にあたる部分を生徒に推測させる発問を考えてみましょう。

　次の英文は、「月の大きさは同じはずなのに、空高くにあるときよりも地平線の近くにあるときのほうが大きく見えるのはなぜか」という「月の錯覚」についての説明文です。次の2つの段落は、なぜ地平線の近くにある月が大きく見えるのかについて、筆者の仮説の1つを説明している部分です。

> **Text 1**
>
> 　Now what if I asked you how far away the dome is? You're very likely to feel that the edge of the dome that touches the horizon is farther away than a point on a dome that's straight overhead. In other words, we think of the sky as a somewhat shallow dome; it just seems more comfortable that way. Why? Our experience has always told us that horizons are far away, but there is nothing in our experience to tell us that the "top of the sky" is also far away.
>
> 　Thus, when the moon is near the horizon, we subconsciously believe that it is farther away than when it is overhead. But all of our visual experience tells us that farther-away things look smaller. So when the Man in the Moon thumbs his nose at our expectations by remaining his visual size even when he's "far away" on the horizon, our brain says, "Wow! That guy must be really big." And that's the impression we get.
>
> 　My money rides on this last explanation.
>
> 　　　　　　　　　　　　　　　　(*Crown English Reading*)

　このテキストのどの部分に着目することができるでしょうか。1つ目の段落では、天空の高さを実感した経験がないため、天空は地平線より近く

第5章　説明文での推論発問

にあると「思い込んでいる」ことが書かれています。2つ目の段落では、遠くにあるものは小さく見えるということを「経験から知っている」ということが書かれています。しかし、肝心の、月が空高くにあるときよりも地平線の近くにあるときのほうが大きく見える、という錯覚の理由はズバリと書かれていません。そこで、次のような推論発問が考えられます。

*Example 1*
　地平線の近くにある月が大きく見える錯覚はなぜ起きると筆者は結論づけていますか。この2つの段落をもとに、錯覚の理由をわかりやすく説明しなさい。

　この発問に答えるためには、生徒は筆者の説明を順番に理解していく必要があります。私たちは、「遠くにあるものは小さく見える」ことを経験上知っています。しかし、「頭上の天空と地平線は私たちから同じ距離である」ことを経験したことがありません。そのため、「頭上の天空よりも地平線のほうが遠くにある」と思い込む傾向があります。「経験から得た知識」と「思い込み」が一緒になり、「地平線の近くにある月は、小さく見えるはずなのに、なんて大きいんだろう」という錯覚を起こしてしまうのです。*Example 1* の答えは、遠く離れたところにあるものは小さく見えるということを経験上知っているということと、天空は地平線と同じくらい遠くにあるということを実感した経験がないことの2つが重なった結果錯覚が起こる、となります。

　このテキストでは、結論のところで、「月」が「月面の人間」に変えられて説明されています。つまり、月の錯覚の理由が直接説明されていないのです。そこで *Example 1* の発問を投げかけられると、生徒たちはテキストの細部を論理的に読み進め、説明を順番に理解していくことになります。そして、月の見え方に関する錯覚の理由をはっきりさせていきます。正しく理解できていれば、最後に登場する「月面の人間」は実は「月」と置き換えられただけなのだということに気づきます。これで謎は解けたということになります。この発問は、部分的な読みだけではなく、テキスト全体をていねいに読まなければならない必然性を生み出しているのです。

　このように、説明文の場合、特に、筆者の主張が間接的で明解に書かれていない場合、パラグラフ内に書かれた説明を1つ1つ論理的に統合させていく推論発問が重要になることがあります。

## 5.4 前後の内容を推測させる

　説明文の各々のパラグラフには、それぞれ役割があります。例えば、筆者の主張を導入する役割だったり、主張の理由を提示する役割だったり、理由を裏づける具体的な証拠を例示する役割だったり、という具合です。これらは相互に連携し、著者の主張を論理的に組み立てています。ここでは、説明文で、パラグラフの役割を意識させながら、特定のパラグラフの前後にどのような内容がくるのかを推測させる発問を考えてみましょう。
　次は、現在最も注目されている科学分野の1つであるクローン技術に関する説明文です。

> **Text 1**
>
> 　Many people believe cloning is a technology that can greatly help humankind in the future. Those who support scientific cloning of plants say that it has many benefits for consumers as well as the environment. For example, it can increase food production and create healthier foods. Cloning high-quality plants means that plants for food can be grown more easily, and it can make available crops that are resistant to insects and disease. This can help provide more food for the poor in Third World nations.
>
> 　Scientists clone animals not for theoretical purposes — they have real-world, practical ends in mind. Gaining that practical end requires the use of bioengineering techniques, not just cloning. For example, scientists hope that some day pigs can be cloned and their organs harvested for human use. But in order for that to happen, bioengineering must be used so that certain genes of the pig are "knocked out" so that the organs will not be rejected by the human body in which they are implanted. After these genes have been turned off, clones will be made of pigs, and their organs used for human implantation. That is the

第 5 章　説明文での推論発問

| theory, anyway.　　　　　　　　(*Unicorn English Course II*) |

　このテキストをもとに、どのような推論発問が考えられるでしょうか。次は、このテキストの前後にくる内容を推測させる発問の例です。

> **Example 1**
> 　この 2 つのパラグラフの前には何が述べられていましたか。また、その後にはどのような内容のパラグラフが続くと思いますか。

　この 2 つのパラグラフが、文章全体の中でどのような役割を果たしているかを理解するためには、このテキストより前の段階で、何が書かれていたかを再度確認しておくことが大切です。そこで、**Example 1** の発問によって、ここまでの文章では、クローン技術の説明と、進展してきたクローン技術の歴史が述べられていることを確認します。そして、**Text 1** に示された英文が続くのですが、第 1 パラグラフには、クローン技術の利点が植物を例に述べられており、第 2 パラグラフでは、動物におけるクローン研究の実用的な目的について述べられています。すなわち、2 つのパラグラフを通して、クローン技術の実用的な利点が書かれています。

　**Example 1** の発問では、さらに、このパラグラフの次にはどのような内容がくるかを予想させています。このテキストの前の段階でクローン技術の歴史が、このテキストでクローン技術の利点が述べられていることを具体的に理解した生徒たちに、最後の 1 文 "That is the theory, anyway." はどのような役割を果たしているかを問います。「いずれにせよ、これは理論だけれど」というこの 1 文から、第 2 パラグラフの次には、第 2 パラグラフと相対する内容、あるいは主張、つまりクローンに対する懸念、反論が続くだろうと生徒たちは推論することになります。

　説明文の文章構成のパターンの 1 つに「比較対照」がありますが、このレッスン全体の構成はこのパターンによるものです。論理的な説明文を理解するための基本は、文章全体の主張と各段落との有機的な関係に気づくことにあります。植物の場合も動物の場合も、クローンを作ることの利点が述べられていることを具体的に理解した生徒たちに、次に続く内容がどのようなものかを問うことで、長くて複雑な説明文であっても、文章構成を意識させながら、効率的に読み進めるストラテジーを身につけさせることが期待できます。

## 5.5　テキスト全体の主張を考えさせる

　説明文を読む際、1文ごとの意味はわかるが、文章全体で何が言いたいのかわからないというのでは、その文章を理解できたとは言えません。ここでは、テキスト全体から筆者のメッセージを正確に捉えさせる発問を考えます。次にあげる例は、批判的な思考法と論理構成の技術に関する説明文です。

> 　私たちの毎日の生活は、今日は何を着るか、何を食べるかなど些細なことから、進学先をどうするか、どういう人と結婚するかなどの大きなものまで、多くの決断に満ちている。よりよい人生を送るためには、感情に任せて物事の決断をするのではなく、論理的に考えて賢い決断をすることが不可欠である。では、論理よりも感情を優先させて決断するとはどのような場合なのであろうか。

**Text 1**

　It would be false to say that anything emotional is not reasonable. In fact, it's perfectly valid to take your emotions into consideration when you make decisions. After all, how you feel is very important. But if there's no logic or reason behind your decisions, you're usually in for trouble.

　Let's say, for example, that you need to buy a car. This is a rather big decision, so it's important that you make it wisely. You'll want to be sure that you:

・Carefully consider your options.
・Consider different possibilities and scenarios.
・Have logical reasons to support your final decision.

　It may seem obvious that you need to choose a car that best suits your lifestyle and your budget. For example, as much as you might like sports cars, as much fun as they are to drive, you shouldn't buy a new sports car if you have four children

第5章　説明文での推論発問

> and a tight budget. But for a variety of emotional reasons, many people do make these kinds of unwise, unreasonable decisions. They may have thought critically and still made the wrong choice because they let their emotions override their sense of logic and reason.　　　(*Provision English Reading*)

では、このテキストをもとに発問を考えてみましょう。

> **Example 1**
> Why do many people make the wrong choice of cars even after thinking critically?

　この発問は、「なぜ批判的に考えた後ですら、人は車の間違った選び方をしてしまうのか」と尋ねています。この発問は、事実発問です。つまり、生徒たちは、発問にある英語表現を頼りに、本文中から答えを探し出し、"Because they let their emotions override their sense of logic and reason." と答えます。事実発問は、テキストに書かれている情報を的確に取り出すことができるかを確認するための発問です。発問で使われた言葉や語句を頼りに、本文中から答えに相当する部分を探し出す、このタイプの発問に答えることは、生徒たちは得意です。しかし、本文から「間違った選択をしてしまうのは、論理より感情を優先させてしまうから」という表現を見つけ出しただけでは、この文章全体を本当に理解しているとは言えません。筆者のこの主張と具体的な例とを結びつけて理解できているかどうかも大切です。

■ テキスト情報をもとに身近な例を考えさせる
　そこで、次のように、テキスト情報をもとに身近な例を考えさせる推論発問をしてみます。

> **Example 2**
> Give the example of "making the wrong choice even after thinking critically" in your own life.

　この発問では、「批判的に考えた後ですら間違った選択をしてしまう。その例を、自分の生活から挙げなさい」と指示しています。この発問をもと

85

に初めて生徒たちは、「正しい論理より感情を優先させる」とは具体的にはどういうことなのか、そもそも"thinking critically"とはどのように考えることなのだろうかと、テキストに書かれている情報をもとに考えることになります。テキスト全体の意味を理解していないと答えられないため、この発問に答えるために生徒たちは何度も何度も本文を読み直し、自分なりの答えを出そうと考えます。そしてこの考える過程で、理解が深まることが予想されます。

　この本文では、車を買うというシチュエーションのもとに、「4人も子どもがいる」、「予算があまりない」、という事実があるにも関わらず、「スポーツカーが好き」とか、「スポーツカーを運転するのは楽しい」、といった理由からスポーツカーを買ってしまうことが、「正しい論理より感情を優先させる」ことの例として挙げられています。

　生徒たちはこうした本文中の記述を頼りに、自分の生活のなかで体験する「正しい論理より感情を優先させてしまう瞬間」を考えます。ここで大事なことは、テキストに書かれていることを適切に理解し、その主張に沿って結論を出すように仕向けることです。「なぜそう思うか」「どこにそう書いてあるか」などとさらに発問することで、生徒の意識を本文に向けることができます。また、この発問はオープンエンドなものであるため、本文に書かれていることを手がかりに、さまざまに生徒が考えを膨らませていくことができるという利点を持っています。

### ■ 推論発問をもとに異なる意見を共有する

　生徒にこの発問を投げかけたら、生徒同士がグループで話し合いを持つように促すとよいでしょう。違った視点から見たさまざまな意見が飛び出すディスカッションを通して、もう一度生徒たちはていねいに本文を読み直し、それぞれの意見の妥当性を検証していくことになります。教室内に生徒と教師だけでなく、生徒同士のインタラクションが生まれ、生徒同士の学び合いを促す、これこそ推論発問の面白さです。

　実際に筆者が行った授業では、さまざまな例が挙げられました。「ダイエットをしているからもう食べちゃだめってわかっているのに、もう一口と食べてしまう」とか「来週からテストなのに、ワールドカップを見てしまった」という意見が飛び出すと、クラスがどっとわきます。生徒たちはこうした実体験に基づく例を聞き、また自分の意見を発表することによっ

て、「正しい論理より感情を優先する」ということがどういうことなのか、また「批判的に考える」ということがどのような考え方を意味するのかということの理解を深めていきました。またこのように、生徒自身の体験や考えなどを発表するような機会を与えられると、生徒たちは実に生き生きと表現し、教室に活気が生まれます。こうした発問を利用すれば、生徒の個性と創造性が発揮され、教師が一方的に教え込む授業や、英文を日本語に直すことによって本文の理解を試すといった授業より、はるかに豊かな授業が展開される可能性が広がるでしょう。

第 ⑥ 章

# 効果的な推論発問活用のポイント

- 6.0　効果的に推論発問を活用するために
- 6.1　魅力的な推論発問を作り出す
- 6.2　推論発問の目的を明確にする
- 6.3　推論発問の実施方法を計画する

## 6.0　効果的に推論発問を活用するために

■ **授業の活性化につながる推論発問のポイント**

　ここまでの章では、テキストタイプ別に推論発問とはどのようなものであるかを具体的に見てきました。推論発問には、リーディング指導を豊かなものにし、英語授業を活性化する可能性があります。しかし、推論発問を考え、授業で実際に行ってみてもうまくいかないことがあります。推論発問が授業を活性化しない理由には、いったい何があるのでしょうか。
　次のチェックリストで、推論発問づくりや、発問の活用および実施方法において考えられる、いくつかの課題についてチェックしてみましょう。

《推論発問のチェックリスト》

・その発問は生徒にとって魅力的か･････････････････□ Yes　□ No
・教師自身も知的に楽しい発問であるか･･･････････････□ Yes　□ No
・発問を行う目的が明確であるか･････････････････････□ Yes　□ No
・発問を行う順序についてよく考えたか･･･････････････□ Yes　□ No
・発問の形式について計画したか･････････････････････□ Yes　□ No
・生徒の反応にどう対処するか計画したか･････････････□ Yes　□ No

　授業の中で推論発問がうまく活用できない理由には、大きく分けて、次の3つが考えられます。

（1）推論発問そのものの問題
（2）推論発問の目的に関する問題
（3）推論発問の実施に関する問題

　これらの問題への対応策を考えることで、より効果的に推論発問を活用することができるはずです。また同時に、推論発問を使った実践のあり方について、より深く理解することにもつながるでしょう。

第6章　効果的な推論発問活用のポイント

```
推論発問を     ┌─ 魅力的な推論発  ┬─ 教材の本質を突いた推論発問を作る
効果的に活  ──┤  問を作り出す    ├─ 意外性のある発問を作る
用するため      │                  └─ 多様性を生かせる発問を作る
に              │
                ├─ 推論発問の目的  ┬─ 何のために推論発問をするのかを考える
                │  を明確にする    ├─ 事実発問と推論発問の順序を考える
                │                  └─ 自分の考えを述べさせる評価発問につなげる
                │
                └─ 推論発問の実施  ┬─ どのような発問形式を使うか計画する
                   方法を計画する  └─ 生徒の反応にどのように対処するか考える
```

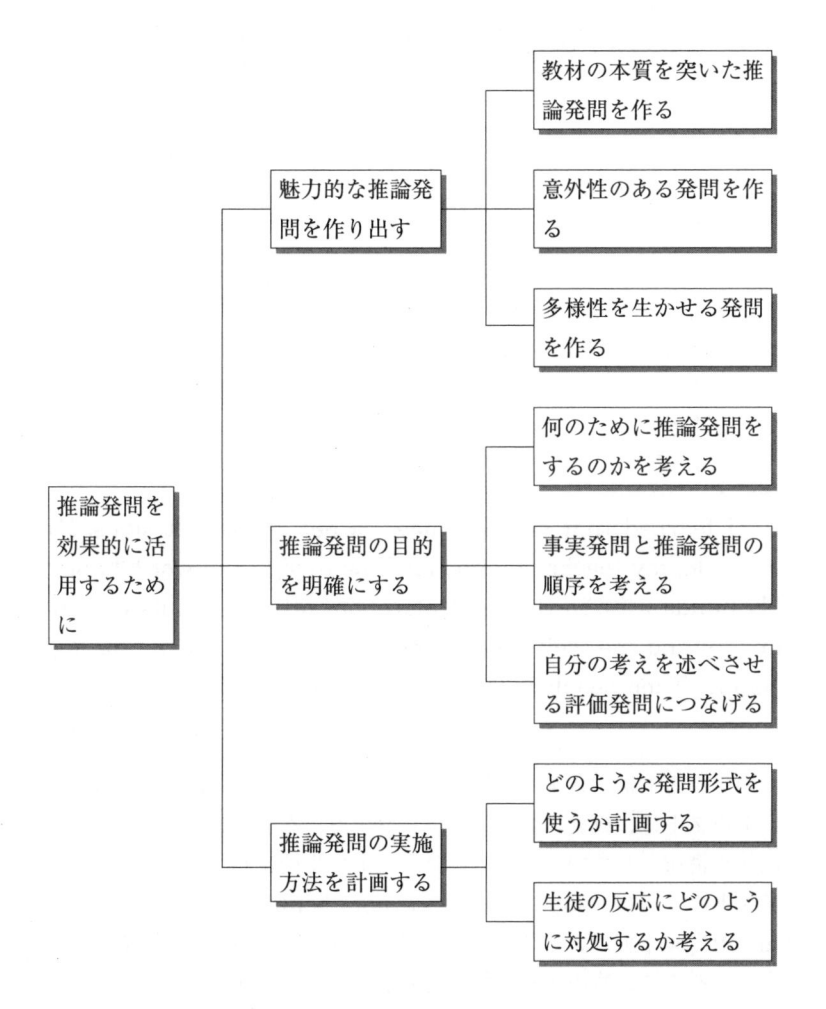

図 6.0.1　効果的に推論発問を活用するポイント

　この章では、図 6.0.1 に示すような効果的に推論発問を活用するポイントについて、具体的に考えてみることにしましょう。

## 6.1 魅力的な推論発問を作り出す

　生徒にとって魅力的な推論発問とはどのようなものなのでしょうか。ここでは、テキストを読んでみたいと生徒が思うような推論発問づくりのポイントを考えてみましょう。そのポイントには、(1) 教材の本質を突く、(2) 意外性のある問いを作る、(3) 多様性を生かせる発問を作る、ことがあります。具体的な例をもとに、これらのポイントを1つ1つ考えてみましょう。まず、次の英文の場合、どのような推論発問を考えることができるでしょうか。

> **Text 1**
> 　　I learned that sign language is not about just signs. For example, my teacher taught me how to sign the word 'happy'. My hands were in the right place, but other students couldn't understand me well. My teacher said, "Smile when you sign 'happy'. Then people will understand you better."
> 　　　　　　　　　　　　　　　　　　　(*New Crown English Series 3*)

　このテキストは、久美が最近習い始めた手話について話している場面です。テキストは、概要、具体的なエピソード、そして、その経験から得た教訓から構成されています。このテキストで生徒がしっかりと理解すべきポイントの1つは、"sign language is not about just signs." です。"For example" 以下では、その文の意味が具体的にわかるように例が示されています。そこで、次のような推論発問が考えられます。

> **Example 1**
> 　久美が手話で "happy" と表現したときの久美の表情は、次のうちのどれでしょうか。

この発問は、久美が手話で"happy"と伝えようとしたとき、久美はどのような表情をしていたか、テキスト情報から生徒に推測させ、選択肢から選ばせる形になっています。テキスト中には、My teacher said, "Smile when you sign 'happy'. Then people will understand you better." というセリフがあり、そこから久美の表情は、笑顔ではなく無表情であったと読み取ることができます。

■ **教材の本質を突いた推論発問を作る**

　魅力的な推論発問を作るためには、まず、教材の本質を突いた発問にすることが大切です。教材の本質とは、テキストの主題であり、テキストが読者に訴えているメッセージのことを指します。

　この *Text 1* の主題は、"sign language is not about just signs" の部分にあります。つまり、手話をする際には、手の動きだけでなく表情なども大切であることを久美が学んだという点です。このテキストには、久美が手話で"happy"を伝えようとしたときの表情までは書かれていません。そこで、*Example 1* の発問は、そのときの久美の表情がどのようなものだったのかを推測させています。「久美が手話で"happy"と伝えようとしたとき、久美の表情は笑顔でしたか」と直接的に尋ねてしまうよりも、*Example 1* のように、選択肢の絵をもとにして、テキストには書かれていない久美の表情を具体的に生徒に想像させることで、このテキストの主題である "sign language is not about just signs" とはどのようなことなのか、その意味を頭の中でイメージしながら理解させることになります。

　このように、本質を突いた発問を通して、生徒はなるほどと思うはずです。そのためには、教師はテキストの主題が何であるのかを常に押さえながら、主題と関連づけた推論発問を作るようにすると魅力的な発問が作りやすくなります。

■ **意外性のある推論発問を作る**

　生徒にとって意外性のある推論発問にすることも、魅力的な推論発問を作るポイントの1つです。例えば、"sign language is not about just signs." という英文を生徒が日本語に訳すことができたとしても、必ずしもこの本当の意味を理解できているとは限りません。そこで、この英文がどのような意味を表しているのかを、*Example 1* のような推論発問を通し

て、改めて具体的に意味を考えることで、この英文の本当の意味を理解してハッとする生徒がいるはずです。テキストが意味していることを正確に具体的に理解しているかどうかを改めて尋ねるような推論発問は、生徒に意外性を感じさせ、授業に集中を生み出します。

　また、教師が黙って黒板に *Example 1* のような簡単な絵を静かに描いたとすれば、生徒たちは教師の行動を意外に思うはずです。いったい今から教師が何を言い出すのか生徒は注目するはずです。

### ■ 多様性を生かせる発問を作る

　魅力ある推論発問を作り出すポイントの1つに、生徒の多様性を生かすことがあります。多様性とは、発問によって生徒たちの異なる考え方や解釈が生まれる部分があることを指します。生徒たちの多様な考え方や解釈をうまく生かすことで、テキストの理解がより深くなり、自然と授業が活性化されます。

　*Example 1* の推論発問の場合を考えてみましょう。選択肢(3)の無表情が正解になりますが、多肢選択式にしたことで、他の選択肢を選ぶ生徒が出てくることが予想できます。生徒の中には、選択肢(1)の泣き顔や、選択肢(2)の笑顔を選ぶ生徒がいるかもしれません。そんなときは、次の *Example 2* のように、なぜそのように考えるのか、その根拠を尋ねてみて、他の選択肢と比較させてみるといいでしょう。

---

**Example 2**

*T*: 久美の表情はどれでしょうか、恵子さん。

*S*: (2)かな。

*T*: なぜそう思うの。

*S*: "happy" と手話をしているから。

*T*: ほかの人はどう思いますか、健君。

*S*: (3)の無表情だと思います。

*T*: なぜそう思いますか。

*S*: 久美の先生が、"Smile when you sign 'happy'. Then people will understand you better." と言っていて、"happy" を手話で伝えるためには、スマイルしなさいと言っているから。ということは、久美はスマイルじゃなかったということだと思います。

> *T:* 恵子さんと健君の意見について他の人はどう思いますか。

　この例のように、異なる解釈をクラスで共有することで、全員のテキスト理解を確かなものにしたり、深めたりすることが可能となります。
　このように、教材の本質を突いた発問、意外性のある発問、多様性を生かせる発問、といった観点で推論発問を考えてみると、生徒にとって魅力的な発問づくりができるものと思われます。

## 6.2　推論発問の目的を明確にする

　推論発問を授業の活性化につなげるためには、なぜその推論発問を使うのかという発問の目的が明確であるべきです。そして、推論発問をなぜその場面で使うのかを考えてみる必要があります。推論発問の目的がはっきりしていて初めて、授業の中での効果的な推論発問が可能となるからです。

■ 何のために推論発問を行うのかを考える

　推論発問を考える前に、しっかりとその目的について考えてみる必要があります。ここで再度、第1章で見た、推論発問の目的について見てみましょう。推論発問の目的には、少なくとも次の5つがありました。

> 《リーディング指導における推論発問の目的》
> 　目的①　テキストの細部を必然的に読み取らせる。
> 　目的②　テキストの具体的な理解を促す。
> 　目的③　テキストを異なる角度から繰り返し読ませる。
> 　目的④　テキスト全体の意味を読み取らせる。
> 　目的⑤　テキストの主題の理解につながる深い読みを促す。

　第1章で、リーディング指導における発問には、事実発問、推論発問、評価発問の3つのタイプがあることを見ました。ここでは、推論発問の目的について考えるために、事実発問、評価発問との違いを見てみることにしましょう。
　次の英文を例にして、どのような発問ができるでしょうか。

> **Text 1**
> 　I'm not a genius. That's because I can explain why I have hits.
> 　　　　　（『NHKテレビ ギフト：E名言の世界』4月号より）

　この英文に関して、次のような発問を考え出すことができます。

表 6.2.1　事実発問・推論発問・評価発問の例

| 発問のタイプ | Text 1 をもとにした発問例 |
|---|---|
| (1) 事実発問 | 「この人はなぜ自分は genius ではないと考えているのでしょうか」 |
| (2) 推論発問 | 「この言葉は誰が言ったものだと思いますか。テキストから考えてみましょう」 |
| (3) 評価発問 | 「あなたは、この言葉からどのようなことを学びましたか」 |

　(1)の事実発問は、テキスト上に直接書かれた情報を尋ねるための発問であり、テキスト上の情報をそのまま取り出せば答えることができます。(2)の推論発問は、テキスト上の情報をもとに、テキストには書かれていない内容を読み取らせる問いです。(3)の評価発問は、テキストに書かれた情報に対する読み手の考え方や態度を尋ねる問いであり、読み手は個人的な感想や評価を答えることになります。

　(1)のような事実発問の場合、「この人物は "I can explain why I have hits." (なぜヒットを打てるか説明することができる)と答えているため」とテキスト上の情報を取り出せば正解になります。しかし、テキストの文字通りの意味を理解しただけでは、この英文を必ずしも読み取れたとは言えません。そこで、「この言葉は誰が言ったものか」という(2)のような推論発問をすることによって、別の角度からテキストを読み取らせるきっかけを作ります。

　この文の "genius" や "hits" という語をヒントにして、この人物は日本人大リーガーのイチロー選手であることが推測できるはずです。このように、この言葉を発した人物を推測させることは推論発問であり、推論の根拠となるテキスト上のヒント情報を生徒に読み取らせることになります。また、必然的に部分的な意味だけでなく、テキスト全体の意味も読み取る必要性を生み出します。さらには、テキストに書かれた情報をもとに、そこから連想される読み手の既有知識を引き出し、この言葉を発した人物像や、この言葉の真意をより具体的に理解させることになるはずです。

　なんとなく推論発問を行うのではなく、推論発問の目的をはっきり意識した上で活用することで、次に見るように、事実発問や評価発問と組み合わせることにより、推論発問をより効果的に活用することができます。

■ 事実発問と推論発問の順序を考える

　推論発問を行う目的を考えてみることは、どのタイプの発問をどのような順序で活用するかを考えるヒントにもなります。事実発問と推論発問を問う順序について、次のような2つのパターンが考えられます。

　　パターン1：事実発問 → 推論発問
　　パターン2：推論発問 → 事実発問

　パターン1は、事実発問を行うことで、テキスト細部の個々の意味を確実に押さえてから、推論発問によってテキスト全体の意味を考えさせる展開になります。*Text 1* で言えば、「この人はなぜ自分は天才ではないと考えているのでしょうか」という事実発問を先に問い、「この言葉は誰が言ったものだと思いますか。テキストから考えてみましょう」と推論発問を後に問うパターンです。つまり、テキストの文字通りの意味を先に理解させてから、推論発問を使って、同じテキストの意味を異なる角度から読み取らせることになります。

　一方、パターン2は、テキスト全体の意味を考える必要のある推論発問を先に生徒に投げかけてから、テキスト細部の理解を必然的に促すような順序です。*Text 1* で言えば、「この言葉は誰が言ったものだと思いますか。テキストから考えてみましょう」と先に推論発問を提示し、その後、「この人はなぜ自分は天才ではないと考えているのでしょうか」と事実発問によりテキストの意味を理解させるというパターンになります。このパターンでいけば、推論発問を先に提示することにより、テキストを読む必然性を生徒に強く感じさせながら、テキストの意味を事実発問で確認していくことになります。

　どちらの順序がよいかは、テキストの内容、テキストの難易度、生徒の英語力、あるいは教師の指導スタイルなどに応じて、最適なパターンを臨機応変に考えてみる必要があると思われます。なお、*Text 1* では1文のみからなるテキストをもとに発問順序を考えましたが、長い文章における推論発問でもまったく同じことが言えます。

■ 自分の考えを述べさせる評価発問につなげる

　次に、推論発問の目的を評価発問との関係から考えてみることにしま

第6章　効果的な推論発問活用のポイント

しょう。評価発問とは、テキストに書かれた内容に対する読み手の考えや意見を答えさせる発問です。**Text 2** の英文を例にとれば、「あなたは、この言葉からどのようなことを学びましたか」という生徒の考えを尋ねる問いが評価発問にあたります。このような発問をすれば、生徒からはさまざまな考えが出てくるでしょう。この英文のメッセージは、「成功を収める人は、その成功の理由をすべて説明できる」であると考えたり、また、「成功というものは決して偶然などではなく、必然的に起こるものである」と考えたりする生徒もいるはずです。生徒の背景知識や経験は、それぞれ少しずつ異なっているため、英文の解釈もさまざまなものが生まれてきます。このように、テキストに対する読み手の考えを引き出す評価発問によって、豊かな読みにつなげていくことが可能です。

　評価発問に対して豊かな意見が出てくるのはどのようなときでしょうか。テキストの文字通りの意味を尋ねる事実発問のみ尋ねていたのでは、生徒からはこのような豊かな考えや意見が出てこないことが予想されます。事実発問のみの理解では、このテキストの本質的な意味を具体的に理解できていない可能性があるからです。より具体的にテキストの理解を促すためには、推論発問が役立ちます。**Text 2** では、「この言葉は誰が言ったものだと思いますか」という推論発問を考えさせることで、この言葉を発した人物像を生徒は具体的にイメージすることになります。

　テキスト情報の正確な意味の読み取りと、さらには、読み手の背景知識や経験などからの情報を活性化して、テキスト理解を具体的に、かつ、身近なものにしておくことで、このテキストに対する読み手の考えや態度を表現しやすくなります。計画的に推論発問を活用することによって、テキスト理解を具体的にできれば、読み取ったテキストをもとに自分の考えや意見を述べることが、比較的容易にできるようになるものと考えられます。この推論発問が評価発問に与える効果については、「8.1 読みへの意欲を高め、深い読みを促すのか」で再度取り上げます。

　このように、リーディング指導における推論発問が持つ可能性をしっかりと把握した上で、授業での効果的な活用方法を考えていきたいものです。

## 6.3　推論発問の実施方法を計画する

　推論発問を授業に取り入れるのは難しいと感じる教師は多いかもしれません。推論発問は、文字通りの意味を尋ねればよい事実発問とは違い、生徒からどのような答えが出てくるか予想できない部分があるからです。しかし、推論発問をどのように実施するかを前もって計画しておけば、授業中に戸惑うことはありません。教師が余裕を持つことができれば、楽しく活発な授業が可能となります。

　では、どのようなことに注意して推論発問を実施すればよいのでしょうか。ここでは、どのような発問形式を使うのか、どのように生徒の反応に対処するのかについて考えてみます。

■ どのような発問形式を使うかを計画する

　推論発問を効果的に使用するためには、まず、どのように発問を使うかを計画してみましょう。発問には、次の表6.3.1のように、発問のモード、形式、言語の3つの要素があります。

表6.3.1　発問の要素のオプション

| 発問の要素 | オプション |
|---|---|
| (1) モード | ① 口頭　② 文書（ワークシート・黒板・OHP） |
| (2) 形式 | ① True/False 形式　② 選択形式　③ 自由回答形式 |
| (3) 言語 | ① 日問日答　② 日問英答　③ 英問日答　④ 英問英答 |

**(1) どのようなモードを使うか**

　発問は、口頭で行う場合と、ワークシートなど文書で提示する場合が考えられます。推論発問はどちらのモードで行うべきなのでしょうか。口頭のみで提示する場合と、ワークシートなど文書で提示する場合とでは、それぞれ利点と欠点が考えられます（表6.3.2参照）。モードの特徴を参考に、発問の目的、生徒の実態、教師の指導スタイルなどを踏まえて、適切に活用するとよいでしょう。

表6.3.2 発問のモード

| タイプ | 利点 | 欠点 |
|---|---|---|
| 口頭 | 発問に対して意外性を持たせたり、生徒の意識を集中させて問いに取り組ませたりすることができる。 | 複数の発問をする場合、口頭で問うと内容が記憶に残りにくい可能性がある。 |
| 文書（ワークシート・黒板・OHP） | 問いが文字として残るため、問われた内容を正確に確認することができる。答え合わせも行いやすい。 | 問われる内容が先にわかってしまい、問いの意外性や新鮮味が少なくなる。 |

## (2) どのような形式を使うか

次に、発問の形式について考えてみましょう。発問形式には True/False 形式、選択形式、自由回答形式の3つがあります。推論発問の場合、事実発問や評価発問と同様に、この3つのタイプの発問形式を使うことができます（表6.3.3を参照）。

表6.3.3 発問形式のオプション

| タイプ | 特徴 | 具体例 | 利点 |
|---|---|---|---|
| True/False形式 | 設問の表す内容が真か偽かを判断させる。 | 「KenはAnnのことが好きである。○か×か」 | 作問しやすい。設問の文がヒントになり、生徒は取り組みやすく、クラス全員が参加しやすい。 |
| 選択形式 | 複数の選択肢から答えを選ばせる。 | 「筆者の態度は次のどれか。中立的・批判的・好意的」 | 選択肢がヒントになり、生徒は取り組みやすく、クラス全員が参加しやすい。 |
| 自由回答形式 | 自分で答えを考え、答えさせる。 | 「なぜTomは"Oh, really?"と言ったのでしょうか」 | 発問が作成しやすい。生徒に自由に答えを考えさせることができる。 |

テキスト内容や指導目的に応じて、どのタイプの発問が適しているのか、あるいは、生徒のレベルに応じて、生徒が取り組みやすいタイプはどれかをよく考えてみることが大切です。

　では、次のテキストを使って、True/False 形式の推論発問を使う場合を考えてみます。この英文は、ある少女がインタビューで、三味線を習っていたことを答えている場面です。なお、このレッスンの目標文は現在完了形（継続）です。

> **Text 3**
>
> 　Hi! I've lived here in Hirosaki since I was born. I love this city and its festivals. When I was in elementary school, I went to a *shamisen* school and practiced hard.
>
> 　Although I don't play the *shamisen* anymore, I like to listen to *shamisen* music at concerts. I'm a big fan of the Yoshida brothers.
>
> 　　　　　　　　　　　（*New Horizon English Course 3*）

> **Example 3**
>
> 　本文内容からすると、次の文は True か False か。
> 　She has played the *shamisen* since she was in elementary school.

　True/False 形式の発問の良い点は、True か False のいずれかで答えることができるため、問いの内容を考えるようにすべての生徒を巻き込むことができる点にあります。この推論発問は、現在完了形の用法とテキストの内容を理解していないと正解が出せない応用問題です。まず、現在完了形の継続用法が理解できているかが問われています。次に、テキスト内容を正確に読み取ることが求められています。本文の "When I was in elementary school, I went to a *shamisen* school and practiced hard." という部分から、筆者が小学校のときは三味線を習っていたことを理解し、"I don't play the *shamisen* anymore." という部分から、この少女が、過去には三味線を弾いていたが、現在はもう三味線を弾いていないということを理解する必要があります。これらのことから、***Example 3*** の答えは、×になります。

## (3) 発問でどのような言語を使うか

　英語授業で発問を行う際、英語で発問を行うのか日本語で行うのかを決める必要があります。ここでは、とくに英語を使った場合、どのようなことに留意すべきかを考えてみます。

　まず、英語を使って発問を行う際に、授業の目的は何かを考える必要があります。もしテキストを理解することが授業の目的であれば、日本語で問い日本語で答えさせる形であっても、生徒は少なくともテキスト理解において英語を使っており、授業の目的を達成できます。しかし、テキストで理解したことをもとに、英語を使ったやりとりをすることを目的とする場合には、英語を使って発問を行うことになります。英語で発問を行い日本語で答えさせる方法と、英語で発問し英語で解答させる方法が考えられます。とくに、後者の場合には配慮が必要となります。

　では、発問を英語で行うと生徒にはどのようなことが要求されるのでしょうか。次の表 6.3.4 は、発問や解答において使われる言語が日本語なのか英語なのかによって、発問で生徒に要求されることをまとめたものです。

表 6.3.4　発問で要求される事柄

| 発問・解答の言語 | 英語で要求されること |
|---|---|
| 日問・日答 | テキストの理解 |
| 英問・日答 | テキストの理解　＋　発問の理解 |
| 日問・英答 | テキストの理解　＋　解答（根拠）の表現 |
| 英問・英答 | テキストの理解　＋　発問の理解　＋　解答（根拠）の表現 |

（島田，2005 を参考）

　この表からは、「テキストの理解」と「発問の理解」、そして「解答（根拠の説明を含む）の表現」といった異なる過程で英語が要求されることがわかります。日本語で問い日本語で答える日問・日答の場合、テキストの理解のみが英語で要求され、もっとも取り組みやすいものであると言えます。しかし、英問・英答の形で発問を行う場合、テキスト理解が英語で要求されるだけでなく、発問自体を英語で理解し、解答も英語で行うことが要求されることになり、難易度は高くなります。したがって、とくに英問・英答の場合、発問の内容や解答のさせ方については、生徒が取り組みやす

い形のものをよく考慮する必要があります。

しかし、発問を日本語で行うのか英語で行うのかにかかわらず、大切なことは、教師の発問の内容や形式、発問後の対応について計画的に行う必要があるということです。教師の発問を計画的に準備しておくことで、英語で発問を行う場合であってもスムーズに展開できます。次の例は、**Example 3** の推論発問を英語でやりとりしたものです。

---

***Example 4***（***Example 3*** の英語でのやりとり）

*T:* "She has played the *shamisen* since she was in elementary school." Is this statement true or false? If you think it's true, raise your hand. If you think it's false, raise your hand.

<Students raise their hands>

*T:* Keiko, what do you think?

*S:* I guess it's false.

*T:* Why do you think so?

*S:* Because she says "When I was in elementary school, I went to a *shamisen* school and practiced hard." but she says "I don't play the *shamisen* anymore." So she doesn't play the *shamisen* now.

*T:* What do you think, Ken?

*S:* I agree with her.

*T:* Keiko is right. This is false. We can understand "Kumi doesn't play the *shamisen* now" from the text. It's because Kumi said, "when I was in elementary school, I went to a *shamisen* school and practiced hard." but she said, "I don't play the *shamisen* anymore." The statement, "She has played the *shamisen* since she was in elementary school" includes the meaning "she plays the *shamisen* now". So this statement is false.

---

この例でもわかるように、生徒から正解が出されても、すぐに次の問いに移ってしまうのではなく、その答えに至った根拠を、一部の生徒だけではなく、クラス全員がわかるように、教師は丁寧に確認していく必要があ

## 第6章　効果的な推論発問活用のポイント

ります。そのためには、教師は英語で繰り返し説明したり、別のやさしい表現に言い換えたり、具体的に答えることができるような問いかけを工夫したりして、生徒の理解度を確認することが求められます。

■ 生徒の反応にどのように対処するかを考える

　では、推論発問を使ってテキスト理解を支援する場合、生徒から出てきた答えに対して教師はどのように対処すればよいのでしょうか。最後に、推論発問を投げかけた後の教師の対応の仕方について考えてみることにしましょう。教師の対応としては、推論発問をきっかけに、テキストのどの部分を根拠にその答えに至ったのかを生徒に尋ねることが基本です。

　推論発問への生徒の反応には、2つのパターンが考えられます。生徒から答えが返ってこない場合と、答えがすぐに返ってくる場合です。

### (1) 生徒から答えが返ってこない場合

　まず、生徒から答えがなかなか出てこない場合の教師の対応を考えてみましょう。答えが出てこないときには、教師が少しずつヒント情報を出します。*Example 3* の場合、例えば、「小学校の時、少女は三味線を習っていましたか」、「今でも三味線を弾いていますか」など、本文の意味を確認してみることが考えられます。また、「現在完了形は、過去のある時点から現在まで継続している状態を表現するときに使われるのでしたね」と確認する必要があるかもしれません。それでも答えが出てこない場合は、別の生徒に同じことを尋ねてみます。他の生徒の答えをヒントにしながら、先に尋ねた生徒に戻り、再度答えや考えを尋ねてみるのもよいでしょう。

### (2) 答えがすぐに返ってくる場合

　次に、答えがすぐに返ってくるような場合を考えてみましょう。この場合、さらに、その生徒の答えが間違っている場合と、正解である場合とが考えられます。生徒の答えが間違っている場合には、「なぜそのように考えますか」のように、答えに至った根拠を尋ねる必要があります。そして、別の生徒にも同じように根拠を尋ねます。出てきた2つの考えを比較し、どちらがより正しいかをクラス全員で考えてみると、クラスの生徒全員でテキスト理解を作り上げることができます。

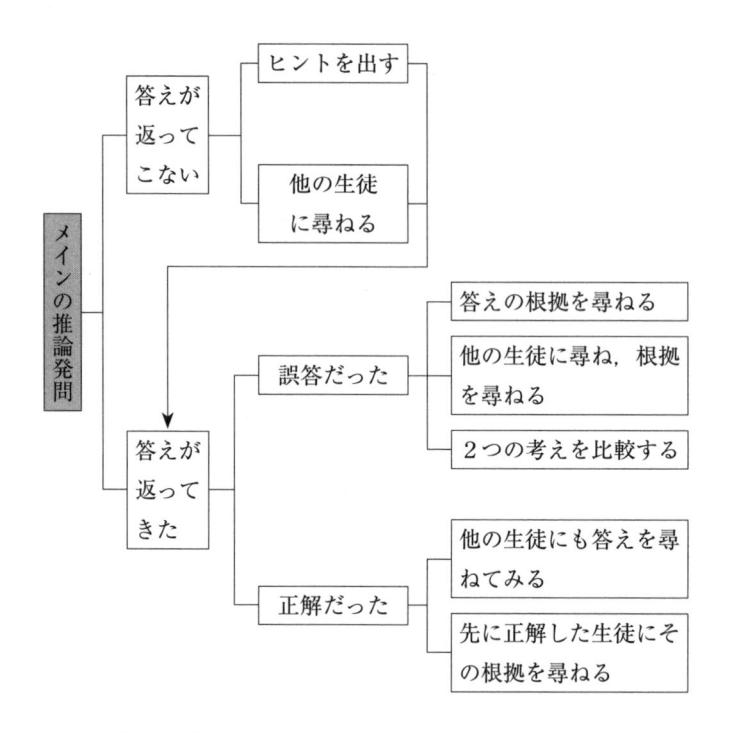

```
                    ┌─ ヒントを出す
        ┌ 答えが返ってこない ─┤
        │           └─ 他の生徒に尋ねる
メインの推論発問 ─┤
        │           ┌─ 誤答だった ─┬─ 答えの根拠を尋ねる
        │           │        ├─ 他の生徒に尋ね，根拠を尋ねる
        └ 答えが返ってきた ─┤        └─ 2つの考えを比較する
                    │
                    └─ 正解だった ─┬─ 他の生徒にも答えを尋ねてみる
                             └─ 先に正解した生徒にその根拠を尋ねる
```

図 6.3.1　推論発問後の教師の対応パターン

　一方、すぐに正解が出てきたときには、「ほかの人はどう思いますか。○だと思う人は手を挙げて。×だと思う人は？」のように、他の生徒にも答えを尋ねることで、クラス全員に参加させることができます。そして、先に答えさせた生徒に戻り、答えに至った根拠を尋ね確認するとよいでしょう。

　大切なことは、推論発問を使って、それをきっかけとしてテキスト理解をクラス全員で作り上げていくことにあります。そのためには、クラス全員が参加できるよう、教師の対応パターンを確認しておくとよいでしょう。

第 7 章

# 推論発問を取り入れた授業の実際

- 7.0 レベルに応じた授業展開例
- 7.1 中学校での授業(会話文)
- 7.2 高校での授業(物語文)
- 7.3 高校での授業(説明文)

## 7.0　レベルに応じた授業展開例

　ここまで、推論発問とはどのようなもので、テキストのどこに着目すれば推論発問ができるのか、そして推論発問をどのように活用すればよいのかを見てきました。では、実際の指導の中で、どの段階でどのような推論発問を行っていけばよいのでしょうか。また、推論発問を使って教師と生徒はどのようなやりとりをすればよいのでしょうか。ここでは、推論発問を使った授業展開を見ていきます。

■ リーディング指導の各段階における推論発問の働き
　リーディング指導の一般的な展開には、Pre-Reading、While-Reading、Post-Reading の3つの段階があります。Pre-Reading とは、新しい教材や題材と生徒の出会いを作り、これから読む英文テキストへの動機を高める段階です。While-Reading とは、テキストの内容を正しく理解させ、さらには、テキストの背後にある主題を読み取ったり、語句の背後にある筆者の考え方を推測させたりして、読みを深める段階を指します。そして、Post-Reading では、教材の内容や表現をもとに生徒の考えなどを表現させる段階になります。
　では、この3つの段階において、推論発問はどのように活用できるのでしょうか。表7.0.1 は、それぞれの段階における推論発問の役割を大まかにまとめたものです。Pre-Reading では、推論発問を使って、テキストのタイトルや挿絵・写真などをもとに、テキストの内容を推測させたり、テキストの読みを動機づけたりすることが考えられます。While-Reading では、推論発問を通して、テキスト上に書かれた情報を読み取る必然性を作りながら、テキスト内容の具体的な理解を促したり、部分だけでなくテキスト全体をも読み取らせたりすることが考えられます。また、テキストには直接書かれていないメッセージや場面設定、登場人物の気持ちなどを読み取らせることで、教師と生徒との豊かなやりとりを通した深い理解を促すことができるものと思われます。そして、Post-Reading の段階においては、テキストから読み取ったことと生徒の背景知識をもとに、推論発問を起点として、さらに深い思考や豊かな表現を生徒の中から引き出すこと

第 7 章　推論発問を取り入れた授業の実際

も考えられるでしょう。
　このように、それぞれの段階において、推論発問は英語授業を活性化させるためのスパイスとして活用することが可能です。

表 7.0.1　Pre/While/Post-Reading の各段階における推論発問の役割

| 段階 | 特徴 | 推論発問の役割 |
|---|---|---|
| Pre-Reading | 新しく読むテキストへの興味を喚起する。 | ○テキストの内容を推測させる。<br>○テキストの読みを動機づける、など。 |
| While-Reading | テキストの内容を正しく理解したり、読みを深めたりする。 | ○テキストの詳細を読む必然性を作り出す。<br>○テキストの内容の具体的な理解を促す。<br>○テキスト全体を意識した読みを促す。<br>○テキストの深い理解を促す、など。 |
| Post-Reading | テキストの内容や表現をもとに、生徒の考えを表現させる。 | ○深い思考や豊かな表現を引き出す、など。 |

　本章では、推論発問を使った授業展開を具体的に見ていくことにします。7.1 では、会話文を使った中学校での授業サンプルを見ます。7.2 では、物語文を使った高校での授業サンプルを見ます。そして、7.3 では、説明文を使った高校での授業サンプルを見ます。以下のような視点で、それぞれの授業サンプルにおいて、どのように推論発問を活用しているのかを見ることにしましょう。

（1）授業展開のどの段階で推論発問を組み込めるのか。
（2）何のために推論発問を活用しているのか。
（3）テキストのどの部分の何を問うているのか。
（4）推論発問を使ってどのようなやりとりをしているのか。

## 7.1　中学校での授業（会話文）

　ここでは、推論発問が実際には授業の中でどのように使えるかということを、中学校の教科書 *New Crown English Series 1*　Lesson 6 "School in the USA" を使って考えていきたいと思います。

■ **教材の特徴と概要**
　このレッスンは、日本の中学校に留学しているトムという少年と、クラスメイトである久美の会話から成り立っています。トムはアメリカの友達の写真を見せながら、久美に友達を紹介し、アメリカの中学校生活について話しています。例えば、アメリカでは中学生がカフェテリアと呼ばれる場所で昼食をとっていること、教師が教室を移動する日本の学校に対し、生徒が授業ごとに教室を移動していることなどです。生徒たちは本レッスンを通じて、アメリカと日本の間の異なる文化や習慣の違いを知ることになります。日本での自分たちの中学校生活とアメリカの中学校生活を比較しながら、異文化に触れることができる内容となっています。

　また、このレッスンで紹介される表現は、対話の相手にものや人を紹介するときに使われる This is ～ . です。また、自分や相手以外の人・ものの状態や動作について説明するときの言い方（いわゆる動詞の三人称単数現在形）、および Does ～を使った疑問文、does not を使った否定文を学びます。

■ **生徒を把握する**
　このテキストは、生徒にとって、比較的取り組みやすいテキストであると思われます。少ない語数で各文が構成され、新出単語も多くありません。一方、生徒は中学校という新しい環境で学ぶことにも慣れ始め、まわりの友達や他の中学校の様子が気になる頃に、このレッスンを学びます。このレッスンでは、そうした生徒に、異なる文化の中学生がどのような学校生活を送っているのかということに、どのように興味を持たせるのかがカギとなってきます。

第7章　推論発問を取り入れた授業の実際

<Part 1>
　This is the school cafeteria. Students choose their favorite lunches. This is my friend, Carl. He comes here every day. He likes tacos very much.

<Part 2>
Tom: This is Judy. She's near her locker.
Kumi: Her locker?
Tom: Yes. Judy has many things at school.
　　　She puts them in her locker.
Kumi: Nice. I see some pictures on her locker too. Does she like music?
Tom: Yes, she does.

<Part 3>
Tom: This is an English class. Students are in Mr Johnson's room.
Kumi: 'Mr Johnson's room'? What do you mean?
Tom: It's his room. He doesn't change his room.
Kumi: Do the students change rooms?
Tom: They usually meet him in his room.

(*New Crown English Series 1*)

　ただし、本レッスンが行われると想定される中学1年生の前半ではまだ使える英語表現が少ないため、できるだけやさしい表現での問いや、日本語を交えるといった工夫が必要になります。

■ 目標を設定する
　以上のことを踏まえて、次のような目標が考えられます。
(1) アメリカの中学校生活について書かれた会話文を読み、情報を正しく読み取ることができる。
(2) 発問に対する答えを探したり考えたりすることで、テキストの内容に関する自分の考えを深めることができる。

*111*

(3) 本レッスンで学んだ表現を使って、英語で自分の中学校生活について書くことができる。

■ 指導の展開を考える

　まず Pre-Reading 活動として、生徒の興味を引くような発問を心がけ、「テキストを読んでみたい」という気持ちを抱くように仕向けます。本レッスンではアメリカの中学校での生活が描かれており、発問によって「アメリカの中学生はどんな生活をしているのだろう」「私たちと何が違うのだろう」という疑問を解くということが、テキストを読む動機となります。

　次に While-Reading 活動で、テキストに書かれていることを正確に把握しているかを確認するための発問をします。和訳をすることでも生徒の理解度をみることはできますが、発問に答えるという形のほうが、テキストと能動的にかかわることができます。さらに推論発問をすることによって、テキストに書かれていないことを推測するという力、またその際に自己判断によらず、テキストの中に根拠を求めて読む力を伸ばすことができます。

　Post-Reading 活動では、生徒がもう一度テキストに目を通す必要に迫られるような発問をします。これらの発問は、発問がない状態で読んだときには見つからなかったことに生徒たちの目を向け、異文化の理解や自国の文化について掘り下げて考えるきっかけとなります。同時にこれらの発問は、テキストを読む際には常に自分がすでに持っている経験や知識を使い、書かれていることに対して自分はどのような意見を持つだろうかと自問しながら読む critical reader、すなわち批評的な読み手となるための一助となります。

(Pre-Reading)

T: Do you want to go to America?
T: How are the American school lives?

T:（松井選手の写真を見せながら）
　　Do you know who he is?
S: 松井！

◆アメリカについての興味を高める
　本レッスンの題材であるアメリカでの中学生の生活について読む前に、アメリカという国に関する自分の興味や現時点での知識をクラスで共有し、これから読

| | |
|---|---|
| *T :* Do you know what team he plays for?<br>*S :* エンゼルス！<br>*T :* Do you know the home town of Angels?<br>*S :* Yes. Los Angeles.<br>*T :* Do you want to go to America?<br>*S :* Yes!<br>*T :* What do you want to see in America?<br>*S₁ :* Baseball, Basketball...<br>*S₂ :* Disneyland.<br>*T :* So she likes sports and Miki likes Mickey and Minnie. What do you think the junior high school students in America are like?<br>*T :* Do American students like sports? Do they enjoy the Disneyland?<br>*T :* How do they like their school? Is their school different from ours? Let's read the new lesson together! | む内容についての興味を高めます。<br><br>◆アメリカの中学生の生活をイメージさせる<br>　「アメリカの中学生はどんな生活を送っているのだろう」という問いかけを通して、答えを探すために本文を読もうとする意欲を高めます。<br>　問いかけの文章には What do you think the junior high school students in America are like? といった少し複雑な構造の文章も入れてみます。その後に、同じ趣旨の質問をやさしい表現ですることにより、生徒を困惑させずにいろいろな表現方法に触れさせることができます。 |

〈While-Reading〉

〈事実発問〉

*T*: Please answer the following questions in English.
(1) Do the students choose their favorite lunches?
(2) Who is Tom?

＜教科書本文を生徒に読ませて＞

*T*: Do the students choose their favorite lunches?
*S*: Yes, they do.

＜あとは省略＞

〈事実発問〉

*T*: Please listen to the CD carefully and answer the questions on your handout with T or F.  T is for True. つまり「本文に合っている」、F is for False. つまり「本文に合っていない」です。
(1) The American school has a cafeteria.
(2) The American students bring their lunches to school.

＜教師と生徒のやりとりは省略＞

◆正確な理解を確認する（答えを探す発問）

　本文の内容について、正確に情報を捉えているかを確認する発問です。教科書記載の設問を利用しています。教科書本文と同じ表現を使った発問であり、答えを本文の中から探せばよいので、生徒に対する負荷は低い発問と言えます。生徒の状況に応じて、教科書を閉じた状態で問うことも考えられます。

◆正確な理解を確認する（答えを考える発問）

　生徒はCDから流される英文を聞きながら本文を読み、問いにTかFで答えます。
　事実発問ではありますが、本文とは異なる英語表現を使うことによって生徒に対する負荷を少し高め、答えを「探す」よりも「考える」ことを求める発問です。

〈推論発問〉
T: Does Carl like the school cafeteria? Why?

T: Do we have a school cafeteria?
$S_1$: うちの学校にはカフェはないよ。
$S_2$: カフェじゃないよ。cafeteria は食堂だよ。
$S_3$: 食堂だってないじゃん。
T: So, do you want a school cafeteria in our school?
S: Yes.
T: Then how about Carl?
T: Does he like the school cafeteria?
S: Yes.
T: なぜそう思うの？
$S_1$: He comes here every day. とあるから。
$S_2$: 毎日来てるってことは、学校の食堂が好きなんだと思う。
T: So, why does Carl like the school cafeteria?
$S_1$: 好きなものが食べられるから。
$S_2$: Students choose their favorite lunches. ってあるから、きっとカールも自分が好きなものを食べてるよ。
T: Very good!

〈事実発問〉
T: Please answer the following questions in English.
(1) Is Judy in the cafeteria?
(2) Does Judy have many things at school?

◆推論を促す発問をする
　本文をもう一度深く読ませるための発問です。本文には書いていないことを、本文にある根拠をもとに推測させます。さらに「なぜそう思うの？」と問うことで、自分の判断の裏付けとなる根拠を探すように誘導します。

◆正確な理解を確認する
（答えを探す発問）
　Part 2 でも Part 1 同様、答えを探す問題と答えを考える問題の2種類を用意します。

＜教師と生徒のやりとりは省略＞

〈事実発問〉
T: Please listen to the CD carefully and answer the questions on your handout with T or F.
(1) Judy has her locker.
(2) Judy isn't a music fan.

＜教師と生徒のやりとりは省略＞

〈推論発問〉
T: Judy has pictures of her family on her locker. Is this true? Or false? Find out the hints from the text.

T: Does Judy have pictures on her locker?
S: Yes.
T: 何の写真？ Judy has pictures of her family on her locker. Is this true? Or false? Find out the hints from the text.
$S_1$: I don't know. どうかな。わかんないよ。
$S_2$: …。書いてないよね。
T: Then, I change my question. 質問、変えるね。Do you like music?
S: Yes, of course.
T: Do you have any favorite singers or groups?
$S_1$: I like Kimura Kaera. かわいいし、歌うまいよね。
$S_2$: My favorite group is 嵐.

◆正確な理解を確認する（答えを考える発問）
　生徒たちの本質的な理解を確認するための、本文とは表現を変えた発問です。

◆推論を促す発問をする
　本文をもう一度読むための発問です。本文には"I see some pictures on her locker."とありますが、それは何の写真なのかを問います。生徒は本文を根拠に考えますが、その際に、トピックである音楽と生徒本人との関わりに意識を向けることで、推論するときに自分の経験や知識を利用するように仕向けます。

T: Do you have any pictures of 嵐 in your room?
S: I have many posters in my room.
T: Then, what pictures does Judy have on her locker?
S: わかった！ 久美が "I see some pictures on her locker." の後に、"Does she like music?" って聞いたってことは、好きな歌手とかバンドの写真がロッカーに張られているんじゃないかな。
T: Does Judy have pictures of her family on her locker?
S: No, she doesn't.　She has a picture of her favorite musician.
T: That's a good guess. I think so, too.

〈事実発問〉
T: Does Mr Johnson change his room?
T: Where do the students meet Mr Johnson?

＜教師と生徒のやりとりは省略＞

〈事実発問〉
T: Please listen to the CD carefully and answer the questions on your handout with T or F.
(1) American students don't learn English.
(2) Mr Johnson has a room at school.

＜教師と生徒のやりとりは省略＞

◆正確な理解を確認する
（答えを探す発問）
　引き続き教科書記載の設問を利用しています。発問と同じ表現をヒントに、生徒たちは効率よく、答えを探すことができると考えられます。

> 〈推論発問〉
> T: Look at Judy's locker. Why is Judy's locker big?

◆教科書本文内にある写真に着目させる

Judyのロッカーの写真に注目し、なぜ自分たちのロッカーより大きいロッカーが必要になっているのかを推測します。パートごとというより、レッスン全体というまとまりのある文章から答えを導き出すための発問です。

T: Do you have a locker at school?
S: Yes.
T: Look at Judy's locker. Why is Judy's locker big?
S: Because Judy has many things at school.
T: But you have many things at school, too. だよね？
S: …。
T: Where do you put your things?
S: In my locker. あと机の中にも。
T: Does Judy put her things in her desk?
S: I don't know. 書いてないよ。
S: She doesn't. だって Students change rooms. ってあるよ。だから机の中には入れられないと思う。いろんな生徒が同じ机を使うから。

(Post-Reading)

> 〈評価発問〉
> T: Which do you like better, American schools or Japanese schools? Tell me why.

T: Do you like American schools?
$S_1$: Yes!

◆もう一度本文全体を読む

Post-Readingの活動として、もう一度本文全体に目を通すための発問です。「アメリカの学校と日本の学校、どちらが好きか」と問うことで、それぞれの学校の違いに目を向けさせます。さらに「なぜ？」と問うことで、自分の学校の様子

$S_2$: …。どうかな。
$T$: So let's discuss this in groups. I'll divide the class into 2 groups. If you like American schools better than Japanese ones, you'll be in Group A. If you like Japanese schools better, you'll be in Group B. Group A, please think why you like American schools better. Group B, think why you like Japanese ones better. In 5 minutes, share your opinions with the class. 5分後、発表しよう。
$S_1$: I'm in Group A and I like American schools better because they have school cafeteria.
$S_2$: They don't have school uniforms, too. 自由って感じがいいよね。
$S_3$: I'm in Group B. I like Japanese schools better because I don't like changing rooms. めんどくさいよ。
$S_4$: I like my school uniforms. So I like Japanese schools better.

〈評価発問〉
$T$: あなたがトムなら、日本の中学校生活についてどんなことを書きますか。

$T$: Now you are Tom. Write a letter to your friend in America about the school in Japan. What is different? What is interesting?
$T$: What are you going to write about the Japanese school?
＜生徒はどのようなことを紹介するか考える＞

を思い浮かべながら、生徒たちはアメリカの中学校生活との類似点・相違点を探し、その中で自分が良いと思うところをあげ、自分の意見を支持する根拠とします。生徒をグループに分け、ディスカッションやディベートの形式をとると、いろいろな意見が出て、さらに面白い活動になるでしょう。

◆英語で表現する機会を与える発問
　アメリカの学校生活について、自分の学校の様子や自分の経験などにひきつけ主体的に読んできました。レッスンのまとめの活動として、自分がアメリカ人のトムなら、日本の学校生活のどんなところに気がつき、どのように英語で説明するのかを考えさせるための発問です。生徒は考える過程で自分の考えを整理するため、もう一度本文に目を通すことになり、さらに本文で学んだ表現を使って、自分の考えを表すことになります。

## 7.2　高校での授業（物語文）

　では、次に高校リーディングの教科書にある "I Have Never Seen You Before" という英文（第 8 章の 8.0 を参照）を例に、推論発問を使った物語文の指導をどのように展開すればよいかを見てみましょう。

### ■ 教材の特徴と概要
　この物語の原作は O. Henry の "A Retrieved Reformation" で、高校生用教科書 *Orbit English Reading*（平成 18 年度版、三省堂）から引用したものです。O. Henry の短編に特徴的な、人情味あふれる落ちのあるストーリーです。
　物語のあらすじは、刑務所から出て金庫破りを繰り返す主人公ジミーが、美しい女性アナベルと出会い、改心して金庫破りをしないことを決意します。やがてジミーとアナベルは婚約し、幸せな関係にありましたが、ある日、招待された銀行で、アナベルの姪が金庫に閉じ込められてしまい、ジミーは昔の罪がばれるのを覚悟で金庫を開けて助け出します。ジミーは群集の中に、自分をずっと追ってきた警官を見つけて自首するのですが、警官は知らぬふりをしてジミーを見逃すという物語です。
　この物語を生徒が味わうためには、あらすじを読み取らせただけでは十分ではありません。ある大切なもののために別の大切なものを失わなければならないという危機に直面した主人公の心理的な葛藤や、それを汲み取って、見逃す警官の人間味ある行為を読み取らせる工夫が必要です。そのために、単に事実情報を読み取らせる発問ではなく、推論を要求する発問を用いて読ませることにします。

### ■ 生徒を把握する
　ここでは指導の対象として、通常の読みにおいて、事実情報の把握はしばしば行っているけれども、物語の登場人物の心情を推測したり、行動の理由を推測したりするような読みには慣れていない生徒を仮定してみます。そのような場合、推論を要求する発問を与えて読ませるには、読む力に合わせて、推論を助ける事実情報の把握を促すような発問を適宜与える

など、指導の仕方を工夫する必要があります。

### ■ 目標を設定する
　以上のことを踏まえて、次のような目標が考えられます。
(1) 物語全体のあらすじを正確に読み取ることができる。
(2) 物語中の事件の因果関係を正しく把握することができる。
(3) 登場人物の心情を推測することができる。
(4) 登場人物の行動の背後にある理由を推測することができる。
(5) 物語を楽しみ、自分の読後感を述べることができる。

### ■ 指導の展開と発問構成
　ここでの指導は、Pre-Reading, While-Reading, Post-Reading の3段階で行うことにします。
　Pre-Reading 段階においては、まず "I Have Never Seen You Before" という物語のタイトルの意味を確認します。このタイトルは物語に登場する警官の言葉ですが、物語の主題に深くかかわっています。文字通りの意味を確認すると同時に、生徒に話の内容を予想させることになり、物語を読む意欲を高める効果が期待できます。
　While-Reading 段階の冒頭に、中心となる推論発問をまとめて提示します。まず、ジミーがエルモアに住むことに決めた理由、金庫破りをしないと決心した理由を問うことにより、いかにアナベルを深く愛していたかを読み取らせます。その上で、アナベルに救いを求められたとき、また、深呼吸して立ち上がったときのジミーの心情を推測させることによって、主人公の心理的葛藤とクライマックスを深く読ませることをねらいます。
　さらに警官が "I have never seen you before." と言った理由を問う発問は、物語全体から読み取った情報を総合して推測させることになり、主題に迫る深い読みを促すものと考えられます。
　これらの推論発問に適切に答えるためには、物語のあらすじや登場人物についての事実情報の把握が不可欠です。「生徒を把握する」でも述べたように、必要に応じて事実情報を読み取らせる発問を補助的に入れていく必要があります。
　Post-Reading 段階では、自分がジミーだったらどうしたかといった問いに答えさせたり、読後感を話し合わせることにより、読んだ内容を確認

したり、目的を持たせて生徒の読む意識を高めながら、再び物語を読ませることができると思われます。

ここでは、物語の全文を一度に読ませる指導例を示します。全文を一度に読ませると、つながりがよくわかり、発問に答えやすくなります。しかし、全体を一度に読ませるには、ある程度時間が必要ですから、実際の指導においては、生徒の読む力に合わせて3つのパートを1つずつ読ませることももちろん可能です。

また、ここでは基本的に英語で授業を行うこととします。発問に答える際、生徒にはなるべく英語で表現するよう促しますが、生徒がどうしても英語で表現できない場合は、教師の側から手助けしたり、部分的に日本語の使用も認めたりすることにします。

---

〈Pre-Reading〉

*T*: Today we are going to read a short story written by an American writer O. Henry. The title is "I Have Never Seen You Before".

*T*: Have you ever read this story? Is there anyone who has read this story?

*S*: …

*T*: No one seems to have read this story.

〈推論発問〉

*T*: Do you understand the meaning of this title "I Have Never Seen You Before"?

*S*:「私は今までにあなたに会ったことはありません」ですか。

*T*: Yes, that's right.

◆教材の導入
　物語文のタイトルを板書し、この物語を読んだことがあるかどうかを確認します。

◆物語への関心を高める
　タイトルの意味を確認し、どんな話か想像させ、読む意欲を高めます。

(While-Reading)

〈推論発問〉

T: Let's read this story. First, I will give you some questions about this story.
1) Why did Jimmy decide to live in Elmore?
2) Why did Jimmy determine not to break safes any more?
3) How did Annabel feel when she asked Jimmy for help?
4) What was Jimmy thinking when he took a deep breath and stood up?
5) Why did the policeman tell Jimmy that he had never seen him before?

◆発問の理解の確認
　発問は、物語を読ませる前にプリントして配り、教師が読み上げ、わからない点がないかを確認します。とくに英語で授業を行う場合には、ていねいに確認することが、授業のスムーズな展開には不可欠です。
　この指導例では、推論発問をまとめて提示して、読ませます。

< Read the questions. >

T: Are these questions clear? Do you have any questions about them?
S: What is a "safe"?
T: A safe is a strong box or a cabinet with a lock used for storing money or jewels.
S: Is it "kinko"?
T: Yes, that's right. Any other questions?
S: No.

T: Then, please read the whole story and answer these questions.

< Read the story silently and write the answers to the questions. >

T: Have you finished reading the story and answering the questions?

S: Yes.

T: Please check your answers with your partner. Take turns asking and answering questions. If your answer is different from your partner's, please discuss which is correct.

< Work in pairs. >

T: Everyone, stop talking, please. Let's check the answers together. Who is Jimmy?

S: He is the main character in this story. He was in prison because he robbed a bank.

〈推論発問〉

T: Why did Jimmy decide to live in Elmore after he left prison?

S: Because he fell in love with a young lady he met in the town.

T: Who was the woman?

S: Annabel Adams.

T: What did Jimmy change his name to?

S: Ralph D. Spencer.

◆生徒間のインタラクションを活性化する

　読む活動は、個人の活動ですし、発問に対する答えの確認も、教師対生徒の1対1のやりとりに終始しがちです。ペアワークを取り入れることにより、学習を活性化し、意見・考えをやりとりさせ、読みをより深める効果が期待できます。このことは、読みの意欲を高めることにつながる可能性もあります。また、英語で行えば、リスニング、スピーキングの他のスキルを有機的に統合することにもなります。

　教師は生徒とインタラクションしながら提示した発問の答えを確認しますが、必要に応じてポイントになる事実情報も押さえます。

〈推論発問〉
T: Why did Jimmy (Ralph) determine not to break safes any more?

S: He wanted to start a new life.
S: He didn't want Annabel to know about his past.
S: He got engaged to Annabel, and her father was a banker.

T: When Jimmy was invited to The Elmore Bank by Mr. Adams, Annabel's father, what happened?
S: One of Mr. Adams' granddaughters closed the door of the safe though the other granddaughter was inside.

〈推論発問〉
T: How did Annabel feel when she asked Jimmy for help?

S: She felt very sad.
T: How do you know that?
S: Because Agatha was Mr. Adams' granddaughter.
S: Her eyes were full of tears when she asked Jimmy for help.
S: She wanted to save Agatha.
S: She hoped that Jimmy would manage to open the safe.

◆深い読みへの準備としての発問1
　ジミーが二度と金庫破りをしないと誓った理由を押さえることが、物語の後段でジミーが金庫を開けた意味を深く考えさせるために必要な発問です。

◆深い読みへの準備としての発問2
　アナベルの姪のアガサを何とかして助けたいという切迫した気持ちや、救いを求めることができるのはジミーしかいないという思いを読み取ることが、ジミーの中にどのような葛藤を生むのかを推測する重要な手がかりとなります。

S : She didn't know whether Jimmy could open it or not, but he was the only person she could rely on.

〈推論発問〉
T : What was Jimmy thinking when he took a deep breath and stood up?

S : He didn't want to open the safe as in the past, but he wanted to help the girl.
S : He thought that he was the only person that could open the safe.
S : He was afraid that he might be arrested and lose his happy life with Annabel, but he thought he would save her.
S : He thought there was no other choice even if everyone would suspect that he was a robber.

〈推論発問〉
T : Why did the policeman tell Jimmy that he had never seen him before?

S : He pretended that he didn't know him.
T : Why?
S : Because he had changed a lot and he wasn't what he had been.
S : He opened the safe to help the girl.

◆深い読みへの準備としての発問3
　これまでの物語の展開や先行する発問の答えを踏まえて、ジミーの気持ちを推測させることにより、読みがいっそう深まることが期待できます。ここでは、What would you do if you were Jimmy? というような発問で、主人公の立場から考えさせるのも面白いでしょう。

◆主題に迫る深い読みを促す発問
　この問いは、主題に迫る深い読みを要求する発問です。この発言の理由を、テキスト全体の情報から総合して推測させることになり、生徒がテキスト全体を深く読み取らざるを得ない状況を作り出すことができます。テキストに書かれた文字通りの意味を読み取らせるだけではなく、本文の主題と関連する登場人物の行動の理由や心情を推測させる、このような発問を生徒に投げかけることは、生徒に主体的にテキストを読み取らせるきっかけを与

| | |
|---|---|
| S: The policeman couldn't arrest him because he saved the girl, though he had known that he would be arrested if he opened the safe. | え、ひいては読む力を伸ばすことにつながるものと考えられます。 |

(Post-Reading)

| | |
|---|---|
| 〈推論発問〉<br>T: Let's read the whole story again, focusing on the changes in Jimmy's feelings and thoughts. How did Jimmy feel or what did he think<br>　(1) when he left prison,<br>　(2) when he got engaged to Annabel,<br>　(3) when Annabel asked him to save Agatha,<br>　(4) when he noticed the policeman after he had opend the safe and helped Agatha,<br>　and,<br>　(5) when the policeman told him that he had never seen him before? | ◆主人公の心情の変化に焦点を当てて、物語全体を振り返らせる発問<br>　主人公の心情の移り変わりに焦点を当てた発問をすることにより、生徒の読む意欲を高めながら、物語全体を振り返らせることができます。このように、Post-Reading 段階においても、明確な目的を持って再度テキストを読ませる発問を工夫することができます。 |

T: Please share your ideas and opinions with your partner.
< Talk in pairs. >
S: How do you think Jimmy felt when he left prison?

S: I think Jimmy felt happy because he thought that he would be free and be able to do his old job.
S: I think so, too. In fact, he broke a safe two weeks after that.

・・・・・・・・・・・・・・・・・・・・・・・・・・・・・・

S: What did Jimmy think when the policeman told him that he had never seen him before?
S: At first, he didn't understand what was going on because the policeman knew him very well, but when the officer walked away, he found that the man had let him go and he thanked him from the bottom of his heart.

〈評価発問〉
T: What do you think of this story? Please talk in pairs.

< Talk in pairs. >
S: What do you think of this story?
S: This is a touching story and it teaches us an important lesson.
S: What is it?
S: It is that nothing is worthier than selfless love.
S: I was deeply moved by the story, too. I wonder whether I would have opened the safe if I had been Jimmy.

◆読後感を問う発問
　現実の世界では、読んだ内容について他の人と話し合うことはしばしば行われています。読後感を語り合わせることで、他の人のさまざまな意見・考えを聞き、自分とは異なる読み方や新しい捉え方を知り、読んだ内容についてさらに深く考えることになります。このような活動の積み重ねが、読む力をさらに高める可能性があります。

S: Jimmy sacrificed himself to save the little girl. It is because he loved Annabel profoundly. He is a nice person.

S: The policeman is a sensible man. I like his generous character.

◆次時への橋渡しの活動
　Post-Reading の2つの活動を1授業時間内に行うのは時間的に難しいかもしれません。その場合は、家庭学習の課題にしたり、次時の冒頭で復習を兼ねて行ったりすることにより、授業間のつながりを持たせることができます。

## 7.3 高校での授業（説明文）

　では、次に高校英語Ｉの教科書に掲載されている "Alex the Parrot" というレッスンの英文を例に、推論発問を使いながら説明文のリーディング指導をどのように展開すればよいか見てみましょう。次に示すのは、鳥のオウムの知性の研究を紹介する説明文で、4つのパートのうちのパート3にあたります。

---

　Studies on animal intelligence are questioned by some scientists. They think that the animals are simply imitating humans, without truly "understanding." Or they say the animals are simply learning tricks, like a dog learns to sit or roll over.

　To avoid such criticism, Pepperberg's experiments are conducted very carefully. For example, some of Pepperberg's students teach Alex, and different students give him his "tests." And the order of questions is always changed from one kind to another: first size, then shape, next color, and so on. This shows clearly that Alex is not giving an automatic answer.

　Students sometimes make a mistake during the tests and tell Alex "No!" even when Alex gives the correct answer. When this happens, Alex won't change his answer and gives the correct one again, even if it means he won't get a reward.

(*Unicorn English Course I*)

---

■ テキストの概要

　このレッスンは4つのパートから構成されています。パート1では、ペーパーバーグ博士がオウムを研究対象にしてきた理由が述べられています。30年以上にわたって動物の知性を研究してきた博士は、頭がよく長生きで話すことができるオウムに注目して研究対象としてきたことと、その研究の着眼点の良さについて述べられています。続くパート2では、オウムの

第7章　推論発問を取り入れた授業の実際

知性を示すアレックスの実験結果について述べられています。黄色と青色の三角形を見せられたアレックスは、2つの三角形の同じところは「形」で、異なるところは「色」だと答えるのです。このことは、アレックスは、言われたことを単にオウム返ししているわけではないことを示しています。パート3では、オウムの知性の研究に対する否定的な意見と、それに反論するためのペパーバーグ博士の実験方法の工夫と実験結果が記され、アレックスが高度な知的レベルであると改めて主張しています。最後のパート4では、これまでの記述に加え、オウムのアレックスは知的レベルがとくに高く、もう1羽のオウムであるグリフィンの指導もできることが述べられ、ペパーバーグ博士の「彼ら（実験をしたオウム）の高い知的レベルを否定することは不可能である」という言葉で結ばれています。

■ 教材を解釈する

　オウムの知性という興味深いけれど意見の分かれるテーマについて、肯定的な内容だけでなく、否定的な内容も記すことによって、説得力のある文章になっています。ペパーバーグ博士がオウムを研究対象に選んだ着眼点の素晴らしさ、そして批判に反論するために工夫された実験手順による調査結果を、批判的な意見とともに生徒に理解させたいものです。とくに、工夫された実験手順については、段階的にていねいに理解を深め、生徒自身に動物の知性について判断させたいものです。

　このような解釈に基づいて、生徒の実態を把握した上で、発問を考えていきます。

■ 生徒を把握する

　このテキストは、新出語句はやや多目ですが、とくに複雑な構造の文はありません。しかし、高校に入学してから日が浅い1年生にとっては、やさしいとは言えません。さらに、生徒は、単に1文ずつ文字通り理解するだけでなく、ペパーバーグ博士の主張とそれに対する否定的な意見、さらに、それに対する博士の反論を正確に読み取り、判断することが求められます。生徒は、読み取った内容をまとめながら、その内容について自分の考えに基づいて判断するという、このような読み方には不慣れであると予想され、教師の適切な指導が求められます。

■ 目標を設定する

　以上のことを踏まえて、4つの観点から検討すると、次のような単元目標が考えられます。
　　(1) オウムの知性というテーマに関心を持ち、積極的に考える。
　　(2) オウムの知性の研究について正しく読み取ることができる。
　　(3) 否定的な意見に反論するために工夫された実験方法と実験結果を読み取ることができる。
　　(4) テキストの内容をもとに、オウムの知性について考え、自分自身の意見を持つことができる。

■ 発問を作成する

　すべての読解発問は、授業の指導過程との関連のなかで位置づけられます。導入の段階（Pre-Reading）→理解の段階（While-Reading ＝ 1st Reading & 2nd Reading）→評価の段階（Post-Reading）に分けて考えます。

　導入の段階では、生徒のテーマに対する関心を高め、テキストに取り組む構えを作ることを目的として発問を作成します。理解の段階では、生徒の理解が「概要」→「部分」へと順を追って進むように、実際の授業を想定しながら作成します。1st Readingで概要把握を、2nd Readingで細部の理解を目指します。事実発問の積み重ねにより、文字通りの内容理解を進め、推論発問により情報の統合を助けます。推論発問には、生徒から複数の答えが期待され、議論が盛り上がる可能性もあるので、1人だけでなく数人の生徒に発言させたいものです。目標が達成できるように、逆算しながら、ステップを踏んで理解が進むように発問を作成していきます。最後に、評価の段階で、テキストの内容について生徒自身の意見を求めます。生徒の答えには多様性が期待できるので、ディスカッション等により考えを深められるのが望ましいと思われます。

■ 説明文のリーディング指導で注意すること

　説明文のリーディング指導は、物語文の指導とは異なる点があります。まず、物語文の指導と比べて、事実発問が多くなるということです。これは、説明文では、テキスト全体の理解のためには、事実の理解の積み重ねが物語文よりも必要であるためです。概要を捉える発問と、細部まで理解

第7章　推論発問を取り入れた授業の実際

を深める発問を生徒の理解の流れに合わせて作ることが大切です。初めから細部を理解させようとすると、1文ずつ和訳して文法や語彙の説明をする訳読法の指導になってしまうため、注意が必要です。次に、生徒のレベルに合ったテキストを選択することです。大学入試への対応に気をとられて、高校では難しめのテキストが選ばれる傾向があるという指摘を耳にします。しかし、テキストが難しすぎると、語彙や1文ずつの構文や文法の説明に多くの時間を割かなくてはならず、内容理解を中心としたリーディングの指導は難しくなります。このため、指導の目的に合ったテキストを選びたいものです。最後に、高校でのリーディングの指導では、いわゆるリーディングのスキルを指導するだけでなく、語彙や文法などの英語熟達度を伸ばすことも期待されているということです。ですから、2nd Reading では、新出語彙の指導や、主語や動詞などの文構造や文法事項を扱うこともあるでしょう。しかし、それらの指導の際も、内容理解のためという観点を一貫して守りたいものです。とくにテキストがやや難しい場合は、和訳をプリントして内容理解の後に配付したり、内容理解に欠かせないキーワードの説明を読解前に行ったりすることを、必要に応じて行ってもよいでしょう。内容理解の後に、音読を繰り返すことも効果的でしょう。

　推論発問を活用したリーディング指導は、旧来の「木を見て森を見ず」になりがちな訳読法による読みの指導から、一歩進んだ内容中心の指導を可能にしてくれます。生徒と一緒に、深い読みを楽しみながら進めたいものです。

---

導入の段階

> T: What is the smartest animal?  And why do you think so?

S: スマート？
T: Smart は「頭のいい」という意味です。日本語の「スマート」とは意味が違うね。教科書本文に出てきますね。

◆**教材への関心を高める**
　まず、頭のよいと思う動物とその理由を尋ね、動物の知性への関心を引き起こします。いろいろな答えが期待できる発問です。

133

T: What is the smartest animal ? Do you have any idea?
S: Monkey.
S: Dolphin.
S: タコ
T: Why do you think so?
S: 人間と一番近いから。
S: 言葉を持っていると聞いたことがある。
S: 色の記憶力がよいとテレビで見た。
T: What does "smart" mean?
S: 本能でなくって、ものを考えることができる。
S: やっぱり言葉を持っていることかな。言葉を持っているから人間は賢いらしいから。
T: このレッスンは動物には知性があるのかを調べた研究についての文章です。じゃあ、今から本文を読んでいきますから、一緒に考えてみましょう。

◆本質を突いた発問
　いくつか意見が出たところで、一歩進めて頭のよさとは何かを尋ねます。テキストのテーマの本質に関わる発問の答えを考えながら、テキストを読む構えを作ります。

理解の段階（1st-Reading）<Part 3>

T: First of all, listen to the CD and answer the following questions.
<教科書本文を見ながらCDで音声を聞かせる>
〈事実発問〉
1) 第1段落：動物の知性の研究について、どんな疑問を抱いている科学者がいますか。

◆大まかな情報の理解
　細かい部分にとらわれないで、大まかな情報とテキストの論理展開を捉えさせることが、これらの問いの目的です。まず、事実発問により、テキストの概要を理解させます。

第7章　推論発問を取り入れた授業の実際

> 2) 第2段落：(1)の疑問に反論するために、ペパーバーグ博士はどんな対応をしましたか。
> 3) 第3段落：テストで、学生が間違えてアレックスに"No"と言ったとき、アレックスはどうしますか。

＜生徒は英語を聞きながら本文を読み、3つの質問の答えを探す＞

$T$: Let's start with the first question. 動物の知性の研究について、どんな疑問を抱いている科学者がいますか。

$S$: まねしているだけ。

$T$: That's right. まねしているだけっていうことは？

$S$: without truly "understanding" だから、理解はしていないということ。

$T$: そうだね。理解しないで、まねをしているだけだと考えている科学者がいるんだね。

◆反対意見を理解する
　Part 1とPart 2で述べられた肯定的な立場だけでなく、反対の見方も理解させる。

> 〈推論発問〉
> $T$: Part 2に書いてあった、アレックスが形は同じで色が違う三角形を見せられたときの行動を、まねをしているだけだと思いますか。

$S$: 思わない。そのままくり返していないから。

$S$: 思わない。自分で色と形を判断したから。

$T$: Let's go on to the 2nd question. こういう疑問に反論するために、ペパーバーグ博士はどんな対応をしましたか。

$S$: …。

◆パラグラフを越えて考えさせる
　前時のPart 2に出てきた実験結果について、Part 3で述べられた観点から、パラグラフを越えて考えさせます。

〈事実発問〉
*T*: 英語のパラグラフ（段落）では、どの文に重要な内容が書かれていることが多いですか。

*S*: 最初の文。
*T*: 第2段落の最初の文には何と書いてあるかな。
*S*: To avoid such criticism... そのような批判を避けるために…。
*T*: そのような批判って、どんな批判？
*S*: 動物の知性の研究への批判？
*T*: そうだね。だから、その後にペパーバーグ博士が何をしたかが書いてありそうだね。
*S*: "Pepperberg's experiments are conducted very carefully..." ペパーバーグ博士の実験は注意深く実施される。実験のやり方に気をつけたということ？
*T*: そうだね。批判に反論するために、実験方法に工夫をしたということです。

〈事実発問〉
*T*: その次に For example とあるけど、次に何が書いてあるということかな？

*S*: 実験方法の工夫の例。
*T*: そうだね。少し長いので、後から見ていきましょう。

◆パラグラフ構造の知識を活用する
　パラグラフ構造の知識から注目すべき文へ生徒を導くことで、内容理解をサポートします。

◆シグナルワードを活用する
　シグナルワードから、注目すべき文へ生徒を導くことで、内容理解をサポートします。

第7章　推論発問を取り入れた授業の実際

*T*: Now, let's go on to the third question. The third paragraph is written about one of Dr. Peppergerg's experiments. 学生が間違えてアレックスに "No!" と言ったとき、アレックスはどうしますか。
*S*: …。
*T*: どの文に書いてあるかな？
*S*: 段落の最初の文に、Students sometimes make a mistake って書いてあるけど…。

〈事実発問〉
*T*: 次の文に、When this happens ってあるけど、this は何を指しているのかな？

*S*: this は、それより前の文の内容だから、students が間違えるということですか。
*T*: その通り。だから、students が間違えたときアレックスはどうする？
*S*: Alex won't change his answer and... アレックスは自分の答えを変えない…そして正しい答えをもう一度言う…。even if って何だったかな？
*T*: That's right. Even when 以下は後で見ていきましょう。3つめの質問の答えは、「学生が間違えたとき、アレックスは自分の答えを変えないで、正しい答えをもう一度言う」となりますね。

◆代名詞が示すものに注目させる
　代名詞をヒントに注目すべき文を見つけさせます。

*137*

| | |
|---|---|
| 〈推論発問〉<br>T: ところで、このアレックスの反応は、何を示しているのでしょうか。後でもう一度質問しますから考えておいてください。 | ◆テキストに基づいて推論させる<br>　テキストの記述から、論理的に推論させることで、主張の理解へと導きます。答えをすぐに与えないことで、生徒はその後、深く考えます。 |
| S: はい。 | |
| 〈推論発問〉<br>T: Part 3 を段落ごとに内容をまとめると、どうなりますか。 | ◆段落ごとに内容をまとめる<br>　パラグラフごとに内容をまとめ、テキスト全体の論理の流れを整理します。この発問は、文と文の意味関係を読み取るという意味で、推論発問の1つであると考えられます。 |
| S: 第1段落は、オウムの知能の研究に対する批判について、第2段落は、それに反論するためのペパーバーグ博士の実験への工夫について、そして第3段落は、実験中に学生が間違えたときのアレックスの反応について、かな？ | |
| 〈推論発問〉<br>T: いいねえ。では、Part 3 は一言で言うと何について書いてありますか。 | ◆テキスト全体の要旨をつかませる<br>　パラグラフごとの理解をもとに、テキスト全体の要旨を捉えさせ、理解を深めます。この発問も、文と文の意味関係を読み取るという意味で、推論発問の1つであると考えられます。 |
| S: オウムの知性の研究への批判と、それに対する反論…。<br>T: Wonderful! パート3全体の構成も頭に入れておきましょう。 | |
| (2nd-Reading) <Part 3> | |
| T: Let's go on to the Second-Reading. では、今度はもう少し詳しく読んでいきましょう。 | ◆深い読みを目指す段階<br>　大まかな理解から、「精読」の段階へ進み、深い読みを目指します。 |

第7章　推論発問を取り入れた授業の実際

T: オウムの知性の研究に疑問を抱いている科学者がいましたが、「疑問を抱く」という意味を持つのはどの表現ですか。最初の文にあります。
S: are questioned だと思うけど、「質問」って？

〈事実発問〉
T: questioned は、-ed で終わっているから、名詞じゃないよね。何ですか。

◆語句の理解を助ける
　生徒の見慣れた語句が、なじみのない意味で使われている場合、教師がヒントを出すことで、意味の推測が可能になります。

S: 動詞。
T: そう。動詞の question は、どんな意味だろう。
＜何人かの生徒は辞書を引く＞
S: question が「疑問を抱く」だから、are questioned で「疑問を抱かれている」ですか。オウムの知性に関する研究は some scientists によって疑問を抱かれているんですね。
T: そうだね。are questioned ってことは、賛成と反対のどちらかな？
S: 反対。

〈推論発問〉
T: さっき読んだ中の、without truly "understanding" の "understanding" に引用符("　")がついているのはなぜだろう？

◆句読法に注目させる
　筆者の気持ちを表す文字以外の表現に注目させます。

S: 何か、強調していると思う。
T: うん、どんな understanding なのかな？

S:「まね」をしているだけと対比したunderstandingだから、ぼくたちが考える「理解」かな。
T:うん。引用符がついているのはなぜ？
S:人間の「理解」とは違うことを、強調してはっきり言いたいんだと思う。
T:そうだね。オウムの知性に批判的な科学者は、オウムが見せるのは「理解」のない「まね」か、または何だと言っていますか。
S:tricksを学んでいる。

〈事実発問〉
T:trickの意味は何でしょうか。

S:トリックって、犯罪の？
T:その後に、like a dog learns to sit or roverって書いてあるよ。
S:犬がするsitだから、「お座り」かな…。だったらtricksは「芸」でいい？
T:Very good! よく推測したね。辞書を引くのは大切だけど、意味を推測することもとても大切だよ。批判的な科学者が言っていることをまとめて言ってください。
S:批判的な科学者は、オウムは「理解」なしに人間の「まね」をしているか、「芸」をしているだけだと言っています。ということは、犬の芸は理解なしでやっているのかな。

〈事実発問〉
T:では、次にペパーバーグ博士が工夫した実験方法を見ていきましょう。

◆未知語の意味を文脈から推測する
　直後の部分から、意味を推測させます。すぐに辞書を引かせない指導も大切です。

◆やや複雑な手順を理解する
　1st Readingでは概要の理解にとどめて、保留した内容について、2nd Readingで扱います。

第7章　推論発問を取り入れた授業の実際

S: 博士の学生の何人かがアレックスに教えて、別の学生がテストした。
T: うん。"tests"って何のテスト？
S: 学生が教えたことがわかっているかのテスト。
T: Good. 実験方法の工夫はまだあるね。
S: 質問の"order"がいつも変えられた…。orderって？

〈事実発問〉
T: orderの意味は何でしょうか。

T: orderが、変えられた…。from one kind to another 次にコロン(:)があって、つまり、最初にサイズ、次に形、それから色など…。orderの知っている意味は何ですか。

＜辞書を引く生徒もいる＞
S: オーダーお願いしますって、ファミレスで言うから、「注文」？　ぴったりこないなあ。
S: 「順序」ですか。
T: Right. その通り！複数の意味を持つ語は、前後関係から、文脈に合った適切な意味を選ぶことが大切です。

〈推論発問〉
T: このような実験の工夫は、オウムの知性を示すのになぜ有効なのですか。

S: 教える人とテストをする人が同じだと、テストのとき、癖みたいなものが答えの合図になるかもしれないから。
S: 別の人だと、言い方とか違ってくるから。
T: 質問の順序を変えることはどうですか。

◆語の複数の意味から適当なものを選ぶ
　使用頻度が高く、意味を複数持つ語について、文脈から該当する意味を選ばせる。語の意味は、文脈で決まることを理解させます。

◆本質を理解させる
　テキストには書かれていない内容を、テキストの記述に基づいて導く手助けをします。

S: 単純な暗記では、間違うから。
S: 次の文に、automatic answer ではだめだと書いてあるけど、その通りだと思う。
T: では、第3段落の、学生が間違えたときのアレックスの反応についてもう少し詳しく見ていきましょう。学生が間違えたとき、アレックスは自分の答えが正しければ、答えを変えないでもう一度くり返すと書いてあります。それで、even when ~ と最後の文の even if ~ は、どんな意味ですか。
<生徒は辞書を引く>
S: …。
T: これは、少し難しいですが、even when ~ が、「たとえ~のときでさえ」、even if ~ が「たとえ~であっても」という意味で、when と if だけよりも、「たとえ~の場合でも」という強い意味を表しています。even when ~ の部分を日本語にしてください。
S:「アレックスが正しい答えをしているときでさえ」
T: そうだね。ということは、アレックスが正解しているときでさえ、学生はどうするの?
S: 間違えて、アレックスに "No" と言う。
T: そうだね。そんなとき、学生が No と言っても、アレックスは自分が正しければ、答えを変えない。じゃあ、even if ~ の箇所を日本語にしてください。

◆テキストの英語が難しい箇所の理解を助ける
　英語が難しい箇所は、文脈に意識を向けさせながら、教師が教えます。和訳が有効な場合には、用いてもよいでしょう。

第7章　推論発問を取り入れた授業の実際

S:「それがご褒美をもらえないことを意味しているとしても」
T:「それ」っていうのは it だね。it は何を示していますか？
S: アレックスが答えを変えないこと。
T: Good. 文全体を日本語にすると？
S:「たとえご褒美がもらえないことになっても、アレックスは答えを変えないで、正しい答えをもう一度言う」

〈推論発問〉
T: このことは何を示していますか。

S: アレックスは、自分で考えて、理解しているということ。
S: アレックスには知性がある。
T: ここまでパート3を読んできましたが、内容を段落ごとにもう一度整理しましょう。
S: 第1段落は、オウムの知能の研究に対する批判について、第2段落は、それに反論するためのペパーバーグ博士の実験への工夫について、そして第3段落は、実験中に学生が間違えたときのアレックスの反応について。まとめて言うと、オウムの知性の研究への批判と、それに対する反論。

◆本質を理解させる
　テキストには書かれていない内容を、テキストの記述から理解させます。テキストのテーマについて、自分の意見を持つよう導きます。

## 評価の段階（Post-Reading）

〈評価発問〉
T: このテキストは、オウムに知性があるということを証明していると思いますか。

S: 思う。本文に書いてある実験結果に納得した。

S: わからない。アレックスに会ってみたい。

◆テキストの内容を再検討させる
　テキストを読み終えて、全体の内容について、生徒に再度検討させ、生徒自身に評価させます。

# 第 ⑧ 章

# 推論発問の効果の検証

- 8.0　推論発問にはどのような効果があるのか
- 8.1　読みへの意欲を高め、深い読みを促すのか
- 8.2　テキスト情報をどれだけ記憶できるか
- 8.3　推論発問は事実情報の理解とどう関係しているか
- 8.4　推論発問は文法への気づきを促すか
- 8.5　推論発問は協同学習をどのように促すか

## 8.0　推論発問にはどのような効果があるのか

　ここまで、豊かなリーディング指導を行うための推論発問の作り方や活用方法について述べてきましたが、生徒の読みに対して推論発問にはどのような効果があるのでしょうか。本章では、推論発問の効果について、異なる角度から行った5つの調査の結果について紹介します。

■ **5つの調査の概要**
　推論発問の効果について、以下の5つの観点で調査を行いました。(1) 読みの意欲を高め、深い読みを促すのかどうか、(2) テキスト内容の記憶を促すのかどうか、(3) 事実情報の把握を促すのかどうか、(4) 文法への気づきを促すのかどうか、(5) 協同学習を促すのかどうか。これら5つの調査の概要は以下の通りです。

**(1) 読みへの意欲を高め、深い読みを促すのか**
　まず、推論発問が生徒の読みへの意欲を高め、読みの深さを促すのかどうかを、読解後に質問紙を使って調査しました。推論発問のほうが、事実発問よりも読みの意欲を高めるという仮説を立てて調べました。その結果、単に推論発問を与えるだけでは、生徒の読みの意欲を高めるまでには至りませんでしたが、物語文の主題の解釈や主人公の行為の解釈において、推論発問に答えた学生のほうが、より深く理解している可能性があることがわかりました。

**(2) テキスト情報をどれだけ記憶できるか**
　推論発問によって、テキスト情報が生徒にどれだけ記憶されるのかを調査しました。物語文に対して、事実発問のみを与えたグループと推論発問のみを与えたグループに、テキスト内容についての再生テストを行いました。その結果、推論発問は事実発問に劣らず、事実情報の記憶保持を促すことがわかりました。推論発問では、必要な事実情報の読み取りを前提にしているため、細かな事実情報を逐一問わなくても、読み取らざるを得ない状況を作り出すと考えられます。

## (3) 事実情報の理解とどう関係しているか

事実発問の理解度と推論発問の理解度との間には、関係があるのかどうかを調べました。その結果、推論発問に正しく答えた生徒は、事実発問にも正しく答えていることがわかりました。また、推論発問に正しく答えた生徒は、当てずっぽうの根拠をもとにするのではなく、テキストに基づいた適切な情報を根拠としていることが確認されました。

## (4) 文法への気づきを促すのか

推論発問によって、文法への生徒の気づきは促されるのかを調査しました。調査結果からは、読解授業において、推論発問が事実発問より文法定着を促進するという仮説のもと、過去完了形に関して、推論発問クラスで伸びが観察され、過去完了形の形式に気づいた学生に伸びが見られました。

## (5) 協同学習をどのように促すのか

推論発問は協同学習をどのように促すのかについて調査しました。事実発問で文字通りの意味を理解させた後に、推論発問を生徒同士のグループで考えさせた結果、再度違った角度から生徒にテキストを読ませることになり、意欲を高めることがわかりました。さらに、推論発問の答えを生徒同士で話し合わせることで、テキストに対する理解をさらに深めさせる可能性があることが明らかになりました。

### ■ 調査で扱ったテキストについて

これらの調査にあたっては、すべての調査において、同じ物語文を用いました。これは前出（第7章の7.2）の物語文です。この物語の原作は O. Henry の "A Retrieved Reformation" であり、O. Henry の短編に特徴的な人情味あふれる落ちのあるストーリーです。単語数は 518 語、Flesch Reading Ease 評価は 73.1 です。

> **物語のあらすじ**
>
> 刑務所から出て金庫破りを繰り返す主人公ジミーが、美しい女性アナベルと出会い、改心して金庫破りをしないことを決意します。やがてジミーとアナベルは婚約し、幸せな関係にありましたが、ある日、招待された銀行で、アナベルの姪が金庫に閉じ込められてしまい、

ジミーは昔の罪がばれるのを覚悟で金庫を開けて助け出します。ジミーは群集の中にいた警官に自首するのですが、警官は知らぬふりをしてジミーを見逃します。

## 実験調査で使用した物語文 "I Have Never Seen You Before" の本文

\<Part 1\>

"Valentine, you're not a bad fellow at heart. Stop breaking safes open and live a better life." That is what the prison officer said when Jimmy Valentine left the prison.

Jimmy went back to his house to get his tools for breaking safes open. Two weeks after that, a safe in Jefferson City was robbed.

Jimmy then moved to a small town named Elmore. He was walking down the street when he noticed a young lady across the street. He was fascinated by her beauty and fell deeply in love with her. Jimmy decided to live in the town. He started a shoe store. He changed his name to Ralph D. Spencer.

His shoe store business did very well. He also made a lot of friends. One of these friends introduced him to the lady, Annabel Adams. Her father owned the Elmore Bank. Ralph and Annabel gradually became friendly and eventually were engaged. He had firmly resolved to give up his old business of crime. He never touched his tools after starting his shoe store.

\<Part 2\>

The Elmore Bank was being modernized and had a new type of safe. Mr. Adams, Annabel's father, was very proud of it, and he invited many customers to come and see it. Ralph was also invited. The door of the safe was controlled by a timer. After the timer was set, no one, not even the banker himself, could open it.

Suddenly there was a cry from a woman. May, Mr. Adams' granddaughter, had playfully closed the door of the safe. Her younger sister Agatha, a nine-year-old girl, was inside.

The old banker said in a panicked voice, "The door can't be opened because of the timer."

The mother of the daughter cried, "Open the door! Break it open! Can't anyone do anything? There isn't enough air inside. She won't be able to survive."

Annabel turned to Ralph, her large eyes full of tears, and pleaded, "Will you please do something, Ralph?"

<Part 3>
Ralph took a deep breath and suddenly stood up. He brought his old tools from his room and pulled off his coat. With this act, Ralph D. Spencer moved aside and Jimmy Valentine took his place.

"Stand away from the door, all of you," he commanded in a loud voice. He put his tools on the table. From this point on, he seemed not to notice that anyone else was near. The others watched as if they had lost the power to move.

Immediately, Jimmy went to work on opening the safe. In twenty minutes – faster than he had ever done it before – he opened the safe's door. Agatha ran into her mother's arms.

Actually, this caused Jimmy a lot of problems. Watching his skill in opening the safe, everyone suspected he might be the bank robber of the bank in Jefferson City. It just so happened that a police officer was among the people present. Knowing this, Jimmy said, "Take me to the police." The officer said, "I don't know what you are talking about.... I have never seen you before." He then slowly walked away, out into the street.

*(Orbit English Reading)*

## 8.1 読みへの意欲を高め、深い読みを促すのか

**1. 調査の目的**

　現在のリーディング指導の課題として、テキストに書かれている事実を確認する事実発問を中心に授業が進められることが多く、バリエーション豊かな発問が使われた指導は多くないことが指摘されています（深澤, 2008）。そこで本書では、発問の中でも推論発問に焦点を当てて見てきました。この推論発問には次のようないろいろなメリットが考えられます。

・字面の表面的な読みでは答えられない。
・答えを導き出すためには通常、複数の必要な手がかり（情報）を読み取らなければならない。
・論理的な推論が要求されるので、深い思考が要求される。
・効率的な情報の読み取りや推論にさいしては、形式および内容スキーマの活用が不可欠になる。
・何度もテキストを読み返すことが必要になり、その結果として、深い読みが促される可能性がある。
・読みに対する意欲を高める可能性がある。

　実際、推論発問にはこのような「読みを促進する効果」があるのでしょうか。「推論発問を生徒に与えることによって、生徒の読みは深くなるのかどうか」、また、「推論発問を与えることで、読みに対する生徒の意欲は高まるのかどうか」を明らかするために以下のような調査を行ってみました。

**2. 調査の方法**

　推論発問の読みを促進する効果を明らかにするために、事実発問と比較してみました。

**(1) 仮説**

　まず、調査にあたって、次のような仮説を設定しました。[1]
　　仮説1：推論発問のほうが、事実発問より読みの意欲を高める。
　　仮説2：推論発問のほうが、事実発問より深い読みを促す。

## (2) 被験者

次に被験者ですが、大学2年生20名（事実発問のみを与える事実発問群10名、推論発問のみを与える推論発問群10名）で、英語コミュニケーション能力判定テストCASECと自作のCloze Testを用いて、同等の英語力及びリーディング力を持つと考えられる2群にグループ分けしました。[2]

## (3) 発問

発問は、以下のような事実発問5問、推論発問5問を用意しました。発問を提示した後、課題を読ませて答えを書かせました。読解及び発問に対する解答時間は20分でした。

〈事実発問〉
・ジミーはなぜ刑務所に入っていたか。
・ジミーはアナベルと婚約する前に、どんな決心をしていたか。
・エルモア銀行の金庫はどんな金庫だったか。
・どんな事件が起きたか。
・結局どうなったか。

〈推論発問〉
・ジミーがエルモアに住むことに決めたのはなぜか。
・ジミーが二度と金庫破りをしないと決意したのはなぜか。
・アナベルはジミーに助けを求めたとき、どんな気持ちだったか。
・深呼吸して立ち上がったとき、ジミーはどんなことを思っていたか。
・警官はなぜジミーに"I have never seen you before."と言ったのか。

## (4) 質問紙調査

発問に答えさせた後、簡単な質問紙による調査を行いました。内容はまず、「物語を読んでどう思いますか」という問いで、①面白かった、②難しかった、③読み進めるうちに先を読みたくなった、④深く読んだ、⑤印象に残っている、⑥内容を覚えている、⑦物語をもっと読みたい、という7つの調査項目に、1 全然そう思わない、2 そう思わない、3 どちらともいえない、4 そう思う、5 強くそう思うの5件法で回答させました。次に、「この物語で作者が言いたいことは何だと思いますか」という問いに記述式で回答させ、主題の理解度を調査しました。

### (5) 感想文

1週間後、事実発問群と推論発問群の両方の被験者に課題文を再度読ませ、日本語訳を与えて確認させた後、10分間で感想文を書かせました。感想文には、なぜこの物語文には"I Have Never Seen You Before"というタイトルがつけられていると思うのか、その理由を含めて書くように指示しました。

### 3. 調査の結果と考察
### (1) 質問紙調査

事実発問群のほうが推論発問群よりも難しかった（質問②）と答えているものがやや多く、また印象に残っている（質問⑤）、内容を覚えている（質問⑥）では、推論発問群のほうが事実発問群よりもやや優っていましたが、t検定では7つすべての調査項目において、両グループ間に有意差は見られませんでした。

表 8.1.1　質問紙調査の項目ごとの平均

| 質問項目 | ① | ② | ③ | ④ | ⑤ | ⑥ | ⑦ |
|---|---|---|---|---|---|---|---|
| 事実発問群 (n=10) | 4.1 | 3.0 | 3.9 | 3.7 | 3.5 | 3.8 | 3.7 |
| 推論発問群 (n=10) | 4.0 | 2.7 | 3.8 | 3.6 | 3.8 | 4.3 | 3.7 |

質問項目：「物語を読んでどう思いますか」
① 面白かった　② 難しかった　③ 読み進めるうちに先を読みたくなった
④ 深く読んだ　⑤ 印象に残っている　⑥ 内容を覚えている　⑦ 物語をもっと読みたい

質問紙調査の「主題の理解度」の調査では、特徴的な違いが見られました。事実発問群のほうは表8.1.2のように、10人全員が適切に主題を把握することができず、「過去より今をどう生きるかが大事だということ」、「罪を犯してもやり直すことができるということ」、「罪は必ずバレるということ」などといった的外れの回答ばかりでした。細部に目を奪われて、主要な部分の理解ができていませんでした。一方、表8.1.3に見られるように、推論発問群は事実発問群と比較して、物語の主題をより正しく理解する傾向が見られました。事実発問を与えた場合よりも、推論発問を与えたほうが正しく内容を理解しているという結果になりました。

第 8 章　推論発問の効果の検証

表 8.1.2　主題の把握（事実発問群）

| 被験者 | 回答した主題（原文のまま） | 適否 |
|---|---|---|
| 1 | 技術を良い方向、良いことに活かす（悪用しない）。愛が人の心を満たす。 | × |
| 2 | 過去よりも今をどう生きるかが大事だということ。犯してしまったことは消えないけど、今後よりよい人生を過ごしていきなさいということ。 | × |
| 3 | 人は罪を犯してもやりなおすことができるのであるということ。 | × |
| 4 | 同じ過ちをするなということ。違うことははっきり言いなさいということ。 | × |
| 5 | 罪を犯したことのある人であっても、人を救う心をなくした人ばかりではないということ。 | × |
| 6 | 悪いことをしたら必ず自分に返ってくる。隠し事や嘘をついていて幸せにはなれない。 | × |
| 7 | 悪いことをした人でも根が悪い人はいないということ。 | × |
| 8 | 悪いことをしても幸せはくるということ。 | × |
| 9 | いくら昔に犯した罪でも、いつか必ずばれるときがくるということ。 | × |
| 10 | 罪を犯したものは最終的に警察に捕まるものであるということ。 | × |

表 8.1.3　主題の把握（推論発問群）

| 被験者 | 回答した主題（原文のまま） | 適否 |
|---|---|---|
| 11 | 人は変われるということ。そして変わった自分を見て認めてくれる人が絶対にいるということ。 | △ |
| 12 | もし悪事などを起こしてしまっていて、一般的には悪い印象であったとしても、何かのきっかけで自分を改めることができ、その人の本質は誰かしらに伝わるということ。 | △ |
| 13 | 過去はどうしようもない事実で、過ぎたことを消したり、変えたりはできない。だけど過去より今をどう生きていくかが大事だということ。 | × |
| 14 | 悪いことをすると更正したときに後々後悔することになるということ。 | × |

| 15 | 今まで悪いことばかりしていた人も、愛したことでその人のためなら自分が犠牲になってもいいと思うぐらい感情の変化が生まれること。 | ○ |
| --- | --- | --- |
| 16 | たとえ自分に不利になったとしても愛する人のためならば尽くすことができるということ。そしてそれを行った人に対して誰もとがめることはできないということ。 | ○ |
| 17 | 人間気持ち次第で変われるものだということ。 | △ |
| 18 | 人を許すことの大切さ。 | △ |
| 19 | きちんと人生をやり直すためには名前を変えるだけではなくて、自分がやってしまったことをすべて償ってから新しい人生をやり直さなければならないこと。 | × |
| 20 | ジミーの女の子に対する好きという気持ちやジミーの優しさなど。 | △ |

○＝じゅうぶん理解できている、△＝部分的に理解できている、×＝理解ができていない

### (2) 感想文

感想文の分析は、3つの観点から行いました。1つ目の観点は、この物語に "I Have Never Seen You Before" というタイトルがつけられている理由です。[3]

表 8.1.4　タイトルの理由（事実発問群）

| 被験者 | タイトルの理由（原文のまま） |
| --- | --- |
| 1 | 指名手配されている "you" ではないという意味を込めてこの "I Have Never Seen You Before" というタイトルにしたのだと思います。 |
| 2 | 言及なし。 |
| 3 | 名前変えて、日々真面目に働く Ralph は顔こそ犯罪者の Valentine であるが、生まれ変わった彼を見て安心の意味を込めて「会ったことなどない」と言ったのだと思う。人は何回でもやり直せるということを強く言いたかったのでこのようなタイトルにした。 |
| 4 | Jimmy ではなく Ralph として見ており、Ralph はまだ一度も金庫破りをしていないし、靴屋のオーナーでしかないから、"I Have Never Seen You Before" というタイトルにしたのだと思います。 |

第 8 章 推論発問の効果の検証

| 5 | 以前に「人助けのために金庫を破った」あなたに会ったことは一度もないということを伝えたかったのではないか。 |
| --- | --- |
| 6 | 言及なし。 |
| 7 | 言及なし。 |
| 8 | 言及なし。 |
| 9 | 文字通りにこの警察官はジミーに会ったことがない。 |
| 10 | 言及なし。 |

表 8.1.5　タイトルの理由（推論発問群）

| 被験者 | タイトルの理由（原文のまま） |
| --- | --- |
| 11 | Jimmy が本当にまじめですばらしい人になっていたから、警察はチャンスをあげようと思って「あなたに会ったことは一度もない」と言ったんだと思う。 |
| 12 | 警察は以前の銀行強盗としてのジミーではなく、今は良心を持っている以前とは違う人物を見て、新しい生活を送る権利があると判断してそのようなことを言ったのだと思いました。 |
| 13 | 警察官は人のことを考えるようになり、人のために動いたことを分かって「以前にあなたに会ったことは一度もない」と言ったのだろう。 |
| 14 | 根はいい人なのに悪いことに手を染めていたジミーがいい方向に向いていたのにここで昔のジミーに戻してしまってはいけない。 |
| 15 | 警官がジミーを見逃すために「あなたに会ったことは一度もない」と言ったと思う。 |
| 16 | 金庫破りを何度もしているであろう Jimmy が何もかも変えて、全く違う人になっていく過程を書いたものであるからこのタイトルをつけたのではないかと思います。 |
| 17 | 言及なし。 |
| 18 | ジミーは銀行強盗という罪を犯したけれど、深く反省してまともな生活を送っていたし、エルモア銀行での出来事は少女を助けるためにしたことで、居合わせた警官もわかっていた。さらに自ら警察に連れて行ってくれと言ったジミーの誠意を感じ取ったこともあり、警官は「あなたに会ったことがない」と言ったことで彼の名誉を守ったのだと思う。 |

155

| 19 | 金庫破りをしていたのは以前のJimmyであって、今金庫を破ったのはRalph D. Spencerであり、警察官は2人は別人だとし、Ralphが金庫破りをしたのは初めてだとしたから。 |
| 20 | その男の優しさに警察は隠してくれたのだと思う。 |

　事実発問群では、英語力上位被験者のみ（1〜5の被験者）が理由を述べています。下位の被験者はほとんどが言及なしであり、唯一言及していた被験者も的外れの理由づけでした。それに対して推論発問群では、1名を除いて、上位・下位ともにタイトルの理由に言及しており、内容も事実発問群に比べて適切で、豊かでした。

　感想文の分析の2つ目の観点は、主人公の行為の解釈です。すなわち、主人公の行為を単に「人助け（人命救助）」と見るのか、「自らの過去を知られてもなお行おうとした（自己犠牲）」と解釈しているのか、さらにそうさせたのは「愛する者のため（愛の力）」によると捉えているのか、ということであり、この順に解釈が深くなると考えられます。すると、図8.1.1に示したように、やや推論発問群のほうが深く読んでいると判断されました。

図 8.1.1　主人公の行為の解釈

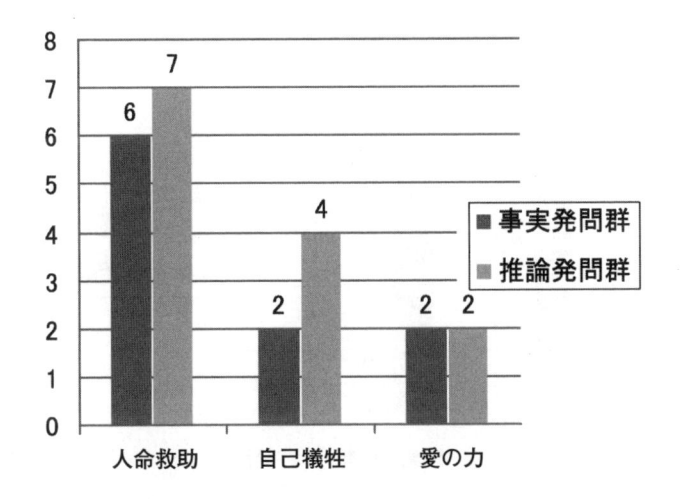

|  | 人命救助 | 自己犠牲 | 愛の力 |
|---|---|---|---|
| 事実発問群 | 6 | 2 | 2 |
| 推論発問群 | 7 | 4 | 2 |

　感想文の分析の3つ目の観点は、読みの展開(広がり)です。感想文を、推論、意見・感想、発展という3つの要素で分析することにしました。つまり、「ジミーが本当に真面目ですばらしい人間になっていたから、警察はチャンスをあげようと思って『あなたに会ったことはない』と言ったんだと思う」というような単に＜推論＞した内容を述べているのか、それとも「自分の知られたくない過去がばれてしまうおそれがあるのを顧みず、他の人の役に立とうとしたこの行動はとても立派だと思う」というように、自分の評価や判断といった＜意見・感想＞を述べているのか、さらに「1人の女性に出会っただけで、すべての人生がいい方に変わったので良かった。自分を変えるには、きっかけが必要だと思った」というように、課題文で読み取った内容を、現実の自分や実際の生活にあてはめてコメントして＜発展＞させているか、ということです。
　その分析結果は、図 8.1.2 に示した通りです。興味深いことに、推論の数は、事実発問群のほうが推論発問群よりも多いのですが、意見・感想は推論発問群のほうが事実発問群よりも多く、推論発問をすることによって、本文内容に対する生徒自身の意見や感想を引き出し、読解後の表現を促す可能性が見られました。したがって、読みの展開(広がり)という点でも、推論発問群のほうが優れているように思われます。

図 8.1.2 読みの展開（広がり）

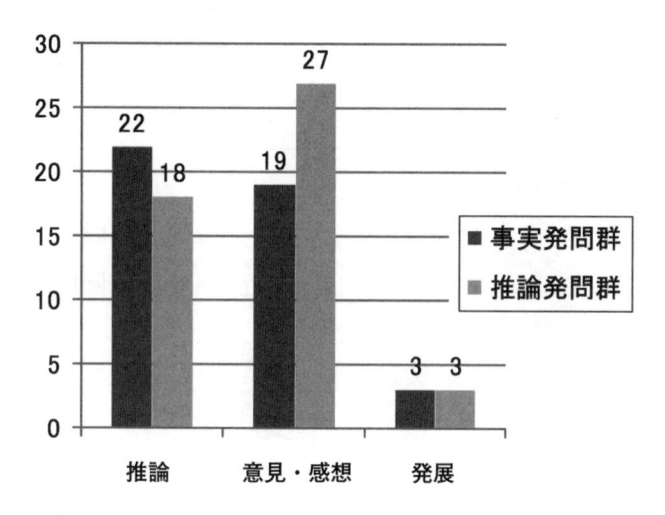

[グラフ: 事実発問群 vs 推論発問群 — 推論: 22, 18 / 意見・感想: 19, 27 / 発展: 3, 3]

　こうして見てみると、感想文の3つの観点からの質的な分析では、事実発問群に比べて推論発問群のほうが深い読みを行っている可能性が示唆されます。

## 4. まとめ

　仮説1:「推論発問のほうが、事実発問より読みの意欲を高める」は支持されませんでした。単に推論発問を与えるだけでは、読みの意欲を高めるまでには至らないのかもしれません。ただ、本調査では、「面白かった」、「先を読みたくなった」、「物語をもっと読みたい」という項目の得点はかなり高く、与えられた発問タイプにかかわらず、この物語文自体を面白い読み物として捉えた被験者が多かったので、差が見られなかった可能性があります。また、推論発問は、主題の理解を助ける可能性があると言えます。
　仮説2:「推論発問のほうが、事実発問より深い読みを促す」は可能性ありと言えます。読みの深さ、読みの展開（広がり）の両次元で、推論発問の効果が期待できます。

　英語の読みの指導における推論発問の使用は、認知的負荷が大きいという思い込みから敬遠されている可能性がありますが、事実情報の把握に偏った読みは、言語形式（語彙・構文・文法）に注意を払って正確に読むこ

とに重点が置かれた読みの練習を行っているにすぎず、現実に我々が行っている本来の読みとは距離があると考えられます。適切な推論発問は、事実発問同様、事実情報把握を促すとともに、必要な推論の手がかりを自ら読み取ることを要求し、テキストの主題の理解につながるような、より深い読みを促すものと考えられるのです。事実発問のみならず、推論発問を読みの指導に積極的に活用することによって、練習にすぎない読みを、メッセージを読み取る本来の読みに変えることができ、そのことがひいては、真のリーディング力の向上につながるのではないでしょうか。

---

注)
1) 本稿は紺渡(2009)の論文に加筆・修正したものであるが、本論文で報告されている調査には、もう1つの仮説「推論発問は事実発問に劣らず、事実情報の把握を促す」が含まれており、リコール課題を用いて検証している。結果は次節8.2の調査と同様の結果になり、仮説は支持された。
2) CASECは筆者の勤務校でプレースメント・テストとして用いているもので、語彙、表現、リスニング、ディクテーションの4つのセクションからなっており、各250点である。開発者によればTOEICやTOEFLなどと相関が非常に高いと説明されているが、リーディング力を直接測定しているわけではないので、自作のクローズ・テスト(250点)を併せて実施し、合計点でグループ分けした。この2群については、より直接的にリーディング力にかかわると考えられるCASECの語彙、表現セクションの得点、クローズ・テストの得点、及びそれらの合計点の比較でも有意差は見られなかった。
3) 推論発問に「警官はなぜジミーに "I have never seen you before." と言ったのか」という問いが含まれており、「なぜこの物語にこのタイトルがつけられているのか」ということを直接聞いたわけではないが、予想されたように、感想文の内容は推論発問群のほうが豊かなものになった。

## 8.2 テキスト情報をどれだけ記憶できるか

**1. 調査の目的**

　本研究の目的は、英文読解指導の際に、事実発問を与える場合と推論発問を与える場合とでは、テキスト理解に差が生じるか否かを検証することです。そこで、テキストの理解度は、実験参加者がテキストの内容をどのくらい記憶していたかにより判断し、記憶の量はリコール・テスト（再生テスト）により測定します。リコール・テストはテスト項目によって干渉を受けることがなく、理解の度合いをより純粋に測定する手段 (Bernhardt 1993) とされていますが、これはテキストをいかに忠実に再生できるかを調査するもので、テキストの事実情報をどれだけ記憶しているか、すなわち事実情報の理解の度合いを測定する手段と考えられます。

　本研究では、学習者の英語力と発問のタイプによるテキストの理解度との関係にも注目します。リサーチ・クエスチョン (Research Question、以下 RQ) は次の 2 点です。

　RQ1：英文読解の際、事実発問のみを与える場合と推論発問のみを与える場合とでは、テキストの事実情報の理解度に差が生じるか。
　RQ2：英文読解の際、事実発問のみを与える場合と推論発問のみを与える場合とでは、学習者の英語力とテキストの事実情報の理解度にはどのような関係があるか。

　リコール・テストはテキストの事実情報をどれだけ記憶しているか、その記憶の量により理解度を判断する手段であることから、RQ1 では、事実情報について文字通りの理解を求める事実発問を与えるほうが推論発問を与えるよりも記憶される量は多いと予想されます。また、RQ2 については、一般に英語力が高いほうが読解力も高いと考えられることから、発問のタイプにかかわらず、英語力が高い学習者ほど事実情報の理解度も高いと予想されます。

## 2. 調査の方法

　実験参加者は、英語力に差がないと考えられる国立工業高等専門学校2年生の2クラス（混合学級）です。英語力は直近のBACE（英語運用能力評価協会）の得点（300点満点：語彙100点、読解100点、リスニング100点）により判断しました。

　文字通りの理解を求める発問に答えながらテキストを読むクラスを事実発問群、推論を促す発問に答えながら読むクラスを推論発問群とします。

　推論を促す発問は、Long, Golding, Graesser & Clark（1990）の分類によるbridging inference（橋渡し推論）とelaborative inference（精緻化推論）の2つのカテゴリーのうち、後者を促すものとします。実験で用いた事実発問と推論発問（資料）はそれぞれ10問で、発問、解答ともに日本語、また、リコール・テストも日本語による筆記テストです。

　調査は次の手順で行われました。

① 本実験の5日前に、短いテキストを用いてリハーサルを実施。
② 本実験での手順は両群とも次の通り。
　a. 学生はテキストを読みながらプリントに印刷された10の発問に対する答えを記入。(25分)
　　＊テキスト、発問のプリントを回収し、リコール・テストの記入用紙を配布。(2分ないし3分)
　b. 学生はテキストの内容を忠実に日本語で再生。(25分)

　リコール・テストについては、リハーサルにおいても本実験においてもストーリーの展開に沿って覚えていることをすべて日本語で書くよう事前に指示しました。

## 3. 調査の結果と考察
### (1) 事実発問群と推論発問群の事実情報の理解度

　採点は、テキストを115のアイデア・ユニットに分け、各ユニットを1点として各学生のプロトコルを採点し、これをテキストの理解度としました。テキストの冒頭部分のアイデア・ユニットを次に記します。

<Part 1>
1. "Valentine, バレンタイン
2. you're not a bad fellow　お前は悪い奴じゃない
3. at heart.　本当は
4. Stop breaking safes open　金庫破りは止めて
5. and live a better life."　もっとまともな人生を送るんだな
6. That is what the prison officer said　それが看守が言ったことだった
7. when Jimmy Valentine left the prison.　ジミー・バレンタインが出所したときに
8. Jimmy went back to his house　ジミーは家に帰った
9. to get his tools　自分の道具を取りに
10. for breaking safes open.　金庫破りのために
11. Two weeks after that,　それから2週間後
12. a safe in Jefferson City was robbed.　ジェファソン市の金庫が破られた

　BACE、リハーサル、本実験のすべてを経験した学生を対象とし、このテキストをすでに読んだことがあると回答した学生、リコール・テストの方法について理解が十分でなかった学生、BACE およびリコール・テストにおいて外れ値にあった学生は除外しました。その結果、分析の対象となった参加者は事実発問群 36 名、推論発問群 36 名となりました。
　表 8.2.1 は、事実発問群と推論発問群のリコール・テストの採点結果を示しています。$t$ 検定の結果、両群のアイデア・ユニット数の間に有意な差はありませんでした（$t(59.081) = 0.452, p < .653, ns$）。

表 8.2.1　事実発問群と推論発問群のリコール・テストのアイデア・ユニット数

| 発問群 | $n$（人） | $M$ | $SD$ |
|---|---|---|---|
| 事実発問群 | 36 | 39.25 | 11.22 |
| 推論発問群 | 36 | 40.83 | 17.77 |

　これは、どちらの発問を与えても、忠実にテキストの内容を再生する、すなわち、読み取った事実情報において両群の差はないことを意味しています。RQ1 については、事実発問群のほうがより高い記憶量を示すのでは

ないかと予測されましたが、差はないとの結果になりました。推論発問に答える場合にも、読み手はテキストの事実情報に注目しつつ読解を進めていることがわかります。

推論が、テキスト中のいくつかの関係する部分から読み取られた事実情報の理解の上に読み手の持つ背景知識が加わって生成されるものであるとすれば、推論発問のみを与えても、事実発問に答えながら読む場合と同様に、読み手は、事実情報の把握を試みながら読解を進めていると考えられます。

### (2) 事実発問群と推論発問群の事実情報の理解度と英語力

教師は、常に学習者の英語力を念頭に置いて指導に臨む必要があります。発問を与える際にも、学習者の英語力を考慮する必要は当然あるものと考えられます。RQ2 について検証するために次の分析を行いました。

まず、両発問群のテキストの理解度と参加者の英語力との相関に注目しました。事実発問群の BACE 得点とアイデア・ユニット数の間には相関は観察されませんでした ($r=.134, p<.435, ns$) が、推論発問群の BACE 得点とアイデア・ユニット数の間には中程度の正相関が観察されました ($r=.449, p<.01$)。これは、事実発問のみを与えた場合には英語力と事実情報の理解度との間には相関がなく、推論発問のみを与えた場合には英語力が高いほど事実情報の理解度も高い傾向があることを示唆しています。

そこで、事実発問群と推論発問群それぞれについて、英語力上位群と英語力下位群のアイデア・ユニット数を比較することにしました。

両発問群を BACE 得点の M ± 0.5SD をカットポイントとして 3 群に分け、上位群と下位群についてリコール・テストのアイデア・ユニット数を比較しました。表 8.2.2 は事実発問群と推論発問群の英語力上位群と下位群のリコール・テストのアイデア・ユニット数を示しています。

表 8.2.2 事実発問群・推論発問群の英語力上位群と下位群のアイデア・ユニット数

| 発問群 | 英語力 | n（人） | M | SD |
| --- | --- | --- | --- | --- |
| 事実発問群 | 上位群 | 8 | 38.63 | 10.769 |
| | 下位群 | 13 | 36.54 | 11.377 |
| 推論発問群 | 上位群 | 12 | 47.83 | 20.346 |
| | 下位群 | 11 | 29.91 | 14.856 |

Mann-Whitney 検定を用いて各群の間に差が見られるか調べました。結果は次の通りです。推論発問群の英語力上位群と英語力下位群の間にのみ 5% 水準で有意差が見られました。

　事実発問群の英語力上位群と英語力下位群
　　$z = -.181$
　　$p = .860$
　推論発問群の英語力上位群と英語力下位群
　　$z = -2.189$
　　$p = .027$
　事実発問群の英語力上位群と推論発問群の英語力上位群
　　$z = -1.352$
　　$p = .181$
　事実発問群の英語力下位群と推論発問群の英語力下位群
　　$z = -1.161$
　　$p = .251$

　事実発問群の英語力上位群と英語力下位群のリコール・テストのアイデア・ユニット数の間には、有意な差が見られませんでした。これは、事実発問のみを与えた場合、英語力の差によってテキストの事実情報の理解度に差が生じることはなかったことを意味しています。これに対し、推論発問群の英語力上位群と下位群のリコール・テストのアイデア・ユニット数の間には有意な差が見られました。これは、推論発問のみを与えた場合、英語力の差によって事実情報の理解度に差が生じたことを意味しています。RQ2 については、推論発問群の場合のみ、英語力が高い学習者のほうがテキストの事実情報の理解度も高いことが明らかになりました。
　事実発問群の英語力上位群は事実発問に答える際、英語力が高いゆえに本文を繰り返し読む必要はそれほどなく、したがってその場で解答は無難にできていても明確には記憶に残らず、テキストの再生に支障をきたした可能性があります。これは読みを深めた状態とは言えません。一方、英語力下位群にとっては、日本語による事実発問は物語の展開を捉える上で大きなヒントになり、逆に再生の量が増えた可能性があります。
　推論発問群においては、証拠探しをするという動機づけを与えられた英

語力上位群は、本文を繰り返し読み、事実情報の把握に基づき推論を行った結果、再生の量が増すとともに読みも深まり、逆に英語力下位群にとっては、事実発問を経ずに推論発問に答えることは困難を伴い、事実情報の把握にも支障をきたした可能性があります。

## 4. まとめ

　事実発問を与えても推論発問を与えても、全体としては事実情報の理解度に差がないという結果になりました。この結果は、深澤 (2008) も指摘するように、批判を通して自らとテキストとの対話を通した、より能動的なリーディングへと生徒を導くために、教師は事実発問以外の発問 (推論発問など) をより多く与えることが望ましいことを示唆しています。

　一方、学習者の英語力に注目すると、推論発問群においては、英語力上位群が英語力下位群よりも事実情報の理解度が高いのに対し、事実発問群においては、英語力上位群と下位群の間に差がないとの結果が得られました。これは、英語力が不十分な段階にある学習者に対して推論発問を与える際には、事実情報について理解を確認することも大切であること、また、英語力上位とみなされる学習者には、積極的に推論発問を与えることが効果的であるという可能性を示唆しています。教師は生徒の英語力に応じ、事実発問と推論発問を有機的に与えることにより、読むことへの動機づけを図る必要があります。どの英語力レベルにおいても、繰り返し英文を読み、考えさせることは、能動的なリーディングを促すとともに、フォームに気づかせ、英語力そのものを伸ばすことにもつながるものと考えられます。

---

注) 本節は，奥村 (2011) をもとに，修正加筆を行ったものです。

## 資料

【事実発問】

質問に日本語で答えなさい。
(1) 刑務所を出た後、ジミーは何のために自宅に戻りましたか。
(2) エルモアで1人の若い女性を見たとき、ジミーはどうなりましたか。
(3) 「ラルフ」と改名したのは誰ですか。
(4) エルモア銀行の新しい金庫は、何によってコントロールされていましたか。
(5) エルモア銀行の新しい金庫のお披露目で、どのような出来事が起きましたか。
(6) アナベルはラルフに何を訴えましたか。
(7) ラルフはアナベルの訴えに対し、どのような行動をとりましたか。
(8) ジミーの行動を見た人々は、どのような疑いを持ちましたか。
(9) ジミーは警官に何と言いましたか。
(10) 警官はジミーに何と言いましたか。


【推論発問】

質問に日本語で答えなさい。
(1) ジミーは看守の言葉に従いましたか。
(2) なぜジミーは名前を変えたのですか。
(3) なぜラルフはエルモア銀行の新しい金庫のお披露目に招待されていたのですか。
(4) なぜアナベルは目に涙をため、何とかしてほしいとジミーに懇願したのですか。
(5) なぜラルフは深く息をし、すくっと立ち上がったのですか。
(6) ラルフは名前を元のジミーに戻したのですか。
(7) 人々は、なぜラルフがジェファソン市の金庫破りの犯人かもしれないと思ったのですか。
(8) なぜジミーは警官に「警察に連れて行ってください」と言ったのですか。
(9) 警官は本当のことを述べましたか。
(10) なぜ警官は(9)の態度をとったのですか。

## 8.3 推論発問は事実情報の理解とどう関係しているか

**1. 調査の目的**

　学習者を深い読みへと導くために、推論発問を取り入れたリーディング指導が行われます。推論発問に答えるためには、その前提として、テキストの文字通りの理解が必要であると考えられます。本研究では、学習者が物語文を読み、推論発問の解答にたどり着くプロセスを調査し、リーディング指導における事実発問と推論発問の関係について検証することを目的とします。具体的には、次の2点について調査します。(1) 英文に書かれた文字通りの意味や事実関係の理解の度合いと、推論発問の解答の正しさはどのような関係にあるのか。(2) 推論発問の解答の正しさと、解答するために用いられた根拠のタイプとはどのような関係にあるのか。ただし、本調査では、推論の手がかりとなる情報がテキスト内に存在するものを扱います。

**2. 調査の方法**

　筆者の勤務校で担当している高校生101名を調査対象としました。調査は、まず英文と発問を別々に印刷して配付しました。英文は3つのパートから成り立っていますが、1パート読み終えるごとにそれに対応した発問に解答するよう指示しました。発問は、事実発問と推論発問を与え、事実発問は推論発問に解答するために理解することが必要な事実を問うものとしました。また、推論発問には、解答に加えてその解答に至った理由をできるだけ詳しく書くよう求めました。
　実際に使用した発問は、次の通りです。

*<Part 1>*
〈事実発問〉
問1 ジミーはなぜ刑務所に入っていましたか。
問2 ジミーがエルモアの町に住もうと決めた理由は何でしょうか。
問3 ジミーはアナベルと婚約する前にどういう決心をしたでしょうか。
〈推論発問〉

問4 ジミーは刑務所から出たとき、どのようなことを考えていたと思いますか。
問5 ジミーの靴屋はなぜうまくいったと思いますか。

### <Part 2>
〈事実発問〉
問6 エルモア銀行の金庫は何によってコントロールされていましたか。
問7 エルモア銀行の金庫でどのような出来事が起きましたか。
問8 アナベルはラルフ (= ジミー) に何を訴えましたか。
〈推論発問〉
問9 アナベルはどのような気持ちでジミーに助けを求めたと思いますか。

### <Part 3>
〈事実発問〉
問10 ジミーはアナベルの訴えに対してどのような行動をとりましたか。
問11 警官はジミーの行動にどのような態度を示しましたか。
〈推論発問〉
問12 ジミーが "took a deep breath and suddenly stood up" (Part 3 の1行目) という動作をしたとき、ジミーは心の中でどのようなことを考えたと思いますか。
問13 警官はなぜジミーに対し、"I have never seen you before." と言ったと思いますか。
問14 ジミーに対する警官の行動に、ジミーはどのようなことを感じたと思いますか。

　分析方法は次の通りです。まず、発問への解答を採点し、事実発問と推論発問に分けて得点を算出しました。事実発問は各2点満点とし、事実の記述が不十分な部分もあるが、大筋は理解できている解答は1点、テキストの記述とまったく合わない解答は0点としました (表8.3.1)。推論発問も各2点満点としました。不十分な点はあるが、大筋で正しい解答には1点、まったくコンテクストに反する解答は0点としました (表8.3.2)。次に、推論発問の解答の理由を分類しました。テキストに基づいて解答していればT (text-based)、基づいていなければN (not text-based)、テキス

トに基づいてはいるが、不適切な箇所に基づいている場合は W (wrong) としました (表 8.3.3)。その後、「3. 調査の結果と考察」に示したように分析を進めました。

表 8.3.1　発問への解答の得点と解答例：事実発問

| 点 | 問 7：エルモア銀行の金庫でどのような出来事が起きましか。 |
|---|---|
| 2 点 | メイがふざけて金庫のドアを閉めてしまい、アガサが閉じ込められた。 |
| 1 点 | 金庫のドアが開かなくなった。 |
| 0 点 | 金庫が壊れた。 |

表 8.3.2　発問への解答の得点と解答例：推論発問

| 点 | 問 9：アナベルはどのような気持ちでジミーに助けを求めたと思いますか。 |
|---|---|
| 2 点 | 誰にも何もできないだろうが、愛するラルフにすがるような必死な気持ち。 |
| 1 点 | アガサを助けたい。 |
| 0 点 | 金庫破りの技術を使ってほしい。 |

表 8.3.3　推論発問への解答の理由のタイプと理由の例：問 4 ジミーが刑務所を出たとき考えていたこと

| 解　　答 | 型 | 理　　由 |
|---|---|---|
| また金庫破りをしよう。 | T | 金庫破りの道具を取りにすぐに家に戻ったから。 |
| また金庫破りをしよう。 | N | お金がなかったから。 |
| 金庫破りをやめる。 | W | 町を引っ越したから。 |

注) T=text-based; N=not text-based; W=wrong

## 3. 調査の結果と考察

**(1) 英文に書かれた文字通りの意味や事実関係の理解の度合いと、推論発問の解答の正しさはどのような関係にあるのか。**

　まず、事実発問の 8 問 (各 2 点) の合計点 (16 点満点) をもとに、被験者を表 8.3.4 のように 4 分割しました。そして、その 4 つのグループごとに推論発問の得点平均を算出し、事実発問の得点と推論発問の得点との関係を見ることにしました。つまり、事実発問の平均得点をもとに分けた 4 グ

ループの間に、推論発問の得点平均の差が見られるかどうかを調べました。事実発問の合計点は、テキストに書かれた文字通りの意味や事実関係の理解の度合いを表しています。そして、推論発問の平均得点は、テキストに直接は示されていない内容の理解の度合いを示しています。

表 8.3.4　全事実発問の得点合計と全推論発問の得点の平均点との関係

| 事実発問合計点 | $n$（人） | 推論発問 $M$ | SD |
|---|---|---|---|
| 16 | 26 | 1.75 | 0.32 |
| 14 - 15 | 24 | 1.66 | 0.35 |
| 12 - 13 | 6 | 1.62 | 0.34 |
| 11 以下 | 3 | 1.15 | 0.36 |
| 計 | 59 | 1.67 | 0.35 |

注）事実発問合計点：2 点 × 8 問 = 16 点満点、推論発問 $M$：2 点満点の平均点

　推論発問の得点の平均値の差を、事実発問の合計得点間で分散分析を用いて検討しました。その結果、$F(4,54) = 2.13, p = .09$ であり、チューキーの方法（3 つ以上の平均値の間のどこに統計的な差があるかを検討する統計手法の 1 つ）による多重比較の結果、事実発問の合計点 16 点（上位群）～ 11 点以下（下位群）の間で、推論発問の平均点の差は 5％水準で有意でした。パート 1 からパート 3 まで、パートごとに検討し、同様の結果が得られました。

　以上の結果から、英文に書かれた文字通りの意味や事実関係の理解の度合いが高いほど、推論発問に正しく解答し、得点が高くなることが概ね示唆されました。

**(2) 推論発問の解答の正しさと、解答するために用いられた根拠のタイプとはどのような関係にあるのか。**

　推論発問の得点（2 点～ 0 点）ごとに、生徒が解答の根拠として挙げた理由のタイプを分類してまとめました。前述のように、解答の理由は、テキストに基づいて解答していれば T（text-based）、基づいていなければ N（not text-based）、テキストに基づいてはいるが不適切な箇所に基づいている場合は W（wrong）としました（表 8.3.3）。

表 8.3.3　推論発問への解答の理由のタイプと理由の例：問 4 ジミーが刑務所を出たとき考えていたこと（再掲）

| 解　　答 | 型 | 理　　由 |
|---|---|---|
| また金庫破りをしよう。 | T | 金庫破りの道具を取りにすぐに家に戻ったから。 |
| また金庫破りをしよう。 | N | お金がなかったから。 |
| 金庫破りをやめる。 | W | 町を引っ越したから。 |

注）T=text-based; N=not text-based; W=wrong

　表 8.3.5 は、すべての推論発問の得点と発問の解答の根拠とされた理由のタイプの関係を示しています。

表 8.3.5　推論発問の得点ごとの根拠の内訳（％）

| 得点 | 推論発問全体（問 4・5・9・12・13・14） | | |
|---|---|---|---|
| | T (%) | N (%) | W (%) |
| 2 | 90.9 | 8.0 | 1.1 |
| 1 | 86.5 | 3.8 | 9.6 |
| 0 | 22.6 | 37.1 | 40.3 |

注）T=テキストに基づいている理由、N=テキストに基づいていない理由、W=テキストに記述されているが、妥当でない箇所に基づいた理由

　推論発問に正解するためには、テキストの記述を根拠として（text-based：T）解答しなければならないかどうかを調べました。T とその他の比較をわかりやすくするために、N と W を 1 つにまとめたクロス集計表を作成し、推論発問の得点間（3 ～ 1 点）で解答の根拠のタイプ（T; N-W）の割合の差を χ 二乗検定により検討しました。その結果、$\chi^2(2, N=465) = 162.69, p = .00$ であり、推論発問の得点間で、解答の根拠のタイプの割合が異なることが示唆されました。ボンフェローニの方法（全体の有意水準 <0.05 など> を検定をくり返す回数で割って 1 回の検定の有意水準にする <0.05 ÷ 3=0.0167> 方法）によりペアごとの有意水準を調整し、その後、ペアごとに有意性を検討したところ、2 点～ 0 点間と 1 点～ 0 点間で、理由のタイプの割合の差が統計的に有意であることが示されました。
　以上から、推論発問に正しく解答するためには、テキストに基づいており（text-based）、なおかつ適切な箇所の記述を根拠として推論することが

必要であると言えます。ただし、適切な記述に基づいて考えても（T）正解につながる推論ができない場合（1点〜0点）と、逆にテキストに基づいていなかったり（N）、不適切な箇所の記述をもとにして考えても（W）、結果的に適切な推論と同じ正しい解答（2点）に至る場合も見られました。以下にこれらの例を示します。

例1）　問4：ジミーは刑務所から出たとき何を考えていたか。
　　　　解答：また金庫破りをしようと思った。（2点）
　　　　理由：お金が欲しかったから。（タイプN）
　　　　理由：エルモアの町で改名して過去の自分を偽ったから。（タイプW）
例2）　問12：深呼吸して立ち上がったとき、ジミーは何を考えていたか。
　　　　解答：昔の自分のこと。（1点）
　　　　理由：二度と金庫破りはしないと固く決心していたから。（タイプT）
例3）　問14：警察官の行動に対してジミーは何を感じたか。
　　　　解答：よい事をしたのになぜ捕まるのか。（0点）
　　　　理由：警官はジミーに、「私はあなたに一度も会ったことがない」と言ったから。（タイプT）

　これらの例は、あてずっぽうで推論発問に正解したり、正しい根拠に着目しているのに不正解になっていた場合です。
　例1では、NやWの理由を根拠としているのに2点の解答を得ることができていますが、これらは、あてずっぽうや、不適切なテキストの記述に基づいているが、正しい推論から得られた解答とたまたま同じになった場合です。例2と例3では、逆にTの理由を根拠としているのに1点か0点の解答しかできていませんが、これらは、適切な記述に注目しているが、文脈に合った推論ができなかった場合です。教室でのリーディング指導では、生徒に対して推論発問への解答だけでなく、その解答に至ったプロセスや理由を確認することと、テキストの記述に基づいた正答へ至る考え方を指導する必要があると言えます。

## 4. まとめ

　本研究でわかったこととリーディング指導に対する示唆を以下にまとめます。英文に書かれた文字通りの意味や事実関係の理解の度合いが深いほど、推論発問に正解する割合が高くなることが概ね示されました。深い読みの指導のためには、生徒が英文の文字通りの意味や、事実関係の把握を十分にできることが前提となります。したがって、リーディングの指導のためのテキストを選ぶ際に、指導対象の生徒にとって語彙や文法のレベルが適当で、英文に書かれた事実を無理なく理解できる教材を選ぶことが重要です。同時に、生徒を深い読みができる読み手に導くためには、語彙・文法等の英語熟達度を向上させる指導も必要であると言えます。

　推論発問に正しく解答するためには、テキストに基づいた（text-based）適切な箇所の記述を根拠として推論することが必要です。ただし、適切な記述に基づいて考えても正解につながる推論ができない場合があるし、テキストに基づいていなかったり、不適切な箇所の記述をもとにして考えても、結果的に適切な推論と同じ結論に至ったりする場合もあります。したがって、生徒には、推論発問の正解・不正解にかかわらず、解答に至った理由を尋ね、テキストの記述に基づいた推論により、正答にたどり着くためのプロセスを指導することが大切です。その解答を出したプロセスを、不十分な箇所まで遡り、その原因と正答へたどり着くための考え方を指導することが望まれます。このような指導の積み重ねが、深い読みができる学習者の育成につながると思われます。

---

注）本文は，伊佐地（2010）の論文をもとに，加筆修正を行ったものです。

## 8.4 推論発問は文法への気づきを促すか

**1. 調査の目的**

　最近の文法指導では、アウトプットに焦点を当てる従来の指導法に代わって、インプットに焦点を当てるインプット処理の指導法が脚光を浴びています。この指導法は、図 8.4.1 に示すように、インプットの理解に焦点化した練習を行うことを重視しています。インプットを発達中の言語体系（developing system）の中にインテイク（intake）し、新しい規則を内在化させることにより、はじめてアウトプット（産出）が可能になるという、言語習得の自然な流れに沿ったモデル（Lee & VanPatten, 2003）に従っています。インテイクとは、言語形式に気づき、その意味を理解することにより、形式と意味を結合すること（form-meaning connection）です。例えば、規則動詞の語尾に付与された -ed に気づき、その文が過去の出来事を表していると理解したときにインテイクが起こると言われています。

```
インプット → インテイク → 発達中の言語体系 → アウトプット
              ↑
        焦点化した練習
```

図 8.4.1　インプット処理に基づく指導法

　インプットをインテイクするには「気づき（noticing）」が必要です。気づきは、「何（what）に気づくか」と、「どうしたら（how）気づくか」という what と how の 2 つの観点から考察することができます。what に関しては、学習者は 2 つの言語形式の「違い」に気づくのであり、how に関しては、2 つの言語形式を「対比」させて両者を「比較」することにより、その違いに気づくことができるのです。

　英語の授業では、文法事項の説明に続いて教科書本文の読解に移るというパターンが多く見受けられます。前者は言語形式、後者は意味内容に重点を置いているので、その両者がうまく繋がらない場合があります。しかし、読解においても両者の融合を図り、意味内容だけでなく言語形式にも

注意を向けさせる必要があるのではないでしょうか。

　推論発問は意味内容だけでなく、言語形式にも注意を向けさせることができるので、両者の融合を図る有効な手段であると考えられます（島田, 2009）。推論発問では、発問の答えは本文中に明示されていないので、生徒は答えを本文中から抜き出すことはできません。しかし、答えを導くためのヒントが本文中に隠されています。生徒はそのヒントを手がかりに推理、推論して答えを導くことができます。つまり、推論発問に答えるためには、生徒は自分の推論の証拠（evidence）探しをすることになります。この証拠探しの作業が、本文を繰り返し読む動機づけとなり、目的を伴った能動的な学習を導くことになるのです。そして、その推論の証拠である言語形式に気づき、その言語形式の持つ意味を考えることにより深い理解に至ります。言語形式の違いが意味内容の違いをもたらすのですから、言語形式の違いに気づくことが意味内容の理解を促すことになります。

　青木（2008）は、推論発問の効果を報告したShimada（1992）について言及し、「これはある物語を素材にした短期間の実験ではあるが、推論型の発問による指導によって、中間言語体系の構築・再構築が同程度に起こりうることを支持するだけでなく、種々の推論型発問によって、言語習得に貢献する相互作用の質と量に関する実証的証拠が得られるのではないかという期待を抱かせるものである」（pp. 47-48）と述べて、推論発問により言語習得が促進されることを示唆しています。本節では、読解における言語形式への気づきを促す一手段としての推論発問の効果を検証します。

## 2. 調査の方法
### (1) 研究目的
　本研究では、読解の授業において推論発問が事実発問よりも気づきを促し、文法の定着をより促進するのではないかという仮説を検証します。

### (2) 参加者
　対象としたのは、過去形と過去完了形の使い分けが十分でない者を含む、大学1年生（25名）および2年生（22名）の等質な2つのクラスです。前者を推論発問クラス、後者を事実発問クラスに割り当てました。この参加者の一部は、文法下位体系の発達の分類（Ellis, 2008）によれば、過去形に対する代替形式である過去完了形を許容するようになってはいますが、両

者の言語形式の機能上の差異を確定するにはまだ至っていない「置換 (replacement)」の発達段階にいると言えます。

　推論発問クラスの参加者を、推論発問の回答の根拠についての1回目と2回目の記述に基づき、授業の理解の程度によって3つの下位グループに分類しました。過去完了形に関して、授業前にすでに理解していたと判断されるグループを(A)、授業前には理解しておらず授業後に理解したと判断されるグループを(B)、授業後も理解しなかったと判断されるグループを(C)としています。

### (3) 読解授業

　推論発問クラスには、本文中に見られる過去形と過去完了形の使い分けに関連して、物語の展開順序を問う推論発問2問を、最初はWh-疑問形式で課しました。続いて、Wh-疑問形式からEither/or疑問形式にシフトダウンした補助発問をヒントとして与えました。図8.4.2の矢印(↑)に示すように、発問のレベルを下げることにより、負荷を軽減し、対比の原則、比較の原則に基づき、より言語形式に注意が向くようにしたわけです。推論発問作成上のガイドラインである明確性、意見差、証拠、挑戦性という4つの原則の観点から評価すれば、Either/or疑問形式は二者択一となり、意見差は減少しますが明確性は向上することになります (島田, 2009)。

問1：ジミーが名前を変えたのはいつか。
　ヒント　(A)靴屋をはじめる前？　(B)靴屋をはじめた後？
問2：ジミーが金庫破りをやめる決意をしたのはいつか。
　ヒント　(A)アナベルと婚約する前？　(B)アナベルと婚約した後？

|  | 事実発問 | 推論発問 | 評価発問 |
|---|---|---|---|
| Yes/No 疑問形式 |  |  |  |
| Either/or 疑問形式 |  |  |  |
| Wh- 疑問形式 |  | ↑ |  |

図8.4.2　発問形式の入れ換え

　一方、事実発問クラスには、物語の概略を問う事実発問をWh-疑問形

式で次のように 8 問課しました。

> 問 1：ジミーの出所時に、看守は何と言いましたか。
> 問 2：ジミーが家に帰った目的は何ですか。
> 問 3：ジミーの出所 2 週間後に、どんな事件が起こりましたか。
> 問 4：ジミーはどこへ引っ越しましたか。
> 問 5：ジミーは引っ越した後、どんな仕事を始めましたか。
> 問 6：ジミーにアナベルを紹介してくれたのは誰ですか。
> 問 7：アナベルのお父さんの仕事は何ですか。
> 問 8：ジミーの決意とは何ですか。

いずれのクラスも、まず個人で回答とその根拠を用紙に記入させてから、グループで意見交換を行いました。推論発問クラスでは、意見交換後に再回答とその根拠を記入させ、事実発問クラスでは回答を修正するよう指示しました。それに、回答の根拠となる部分を本文中から引用して説明することを求めました。授業時間はいずれのクラスも 50 分でした。

### (4) テスト

時制に関する文法項目、過去完了形の定着度を測定するために、正誤、選択、空所補充の 3 つの形式で構成される時制テスト Form A, Form B の 2 版を作成しました。Form A と Form B は使用単語がいくつか異なりますが、テスト項目の配列と項目数は同じです。過去完了形という特定の文法項目のテストであると受験者に見破られないために、過去形および現在完了形の項目が、ダミーとして含まれています。次に 3 つの問題形式の例を示します（附録参照）。

> ［正誤］　彼女は以前にそれを見たことがあったので私たちとは映画に行かなかった。
> 　　　　She didn't go to the movie with us because she had seen it before.
> ［選択］　私がその町に着いたとき、店は全部閉まっていた。
> 　　　　When I arrived at the town, all the shops〔A. closed, B.

had closed].
[空所補充] 昨夜電話したんだけど、君はもう寝ていた。
I called you last night, but you (　　　) to bed.

　まず、パワーポイントを使って、最初の画面に日本語文を提示し、次の画面で英文を提示しました。提示時間はどの問題も、日本語文は5秒、英文は10秒に制限しています。過去完了形の問題数は正誤形式が4問、選択形式が2問、空所補充形式が2問の計8問です。いずれの形式においても、正解すれば1問につき1点が与えられ、満点は8点となります。

　授業の直前に過去完了形をどの程度修得しているかを確認するためにForm A（事前テスト）を実施しました。授業の理解度を見るために、授業直後にForm B（事後テスト）、さらに文法項目の定着を確認するために、授業の1週間後に再びForm A（遅延事後テスト）を実施しました。

## 3. 調査の結果と考察

　表8.4.1は、推論発問クラスと事実発問クラスの伸びを平均点により示したものです。また、表8.4.2は、推論発問クラスの下位グループの伸びを平均点により示したものです。

表8.4.1　推論発問クラスと事実発問クラスの伸び

| クラス | 人数 | 事前テスト | 事後テスト | 遅延テスト |
|---|---|---|---|---|
| 推論発問 | 25 | 5.84 | 6.76*** | 6.36* |
| 事実発問 | 22 | 5.86 | 6.32 | 6.00 |

\* $p<0.05$　　\*\*\* $p<0.001$

表8.4.2　気づきの有無による推論発問クラス下位グループの伸び

| 下位グループ | 人数 | 事前テスト | 事後テスト | 遅延テスト |
|---|---|---|---|---|
| A | 12 | 6.00 | 7.08* | 6.67 |
| B | 8 | 5.63 | 6.63* | 6.38 |
| C | 5 | 5.80 | 6.20 | 5.60 |

\* $p<0.05$

　表8.4.1からは、事前テストと事後テストおよび事前テストと遅延事後

テストとの平均点の差は推論発問クラスにおいて有意で (t=4.13, df=24, p<0.001; t=2.49, df=24, p<0.05)、事実発問クラスでは有意ではなかったことがわかります (t=1.52, df=21, p>0.05; t=0.41, df=21, p>0.05)。また、事後テストおよび遅延事後テストにおける両クラスの平均点差は有意には至りませんでした (t=1.25, df=45, p>0.05; t=0.88, df=45, p>0.05)。

表8.4.2からは、授業前にすでに理解していたと判断される下位グループAと、授業前には理解しておらず授業を通して過去完了形の形式に気づいた下位グループBに、授業後に有意な伸びがあり (t=3.03, df=11, p<0.05; t=2.64, df=7, p<0.05)、授業後も理解しなかったと判断される下位グループCには伸びがないことがわかります (t=1.00, df=4, p>0.05)。

推論発問クラスと事実発問クラスの間の事後テストおよび遅延事後テストにおける平均点差は有意には至りませんでしたが、推論発問クラスには、授業前と授業後および1週間後に有意な伸びが見られ、推論発問が過去完了形の修得に有効に作用することが示されました。その有効性は、推論発問を用いた授業を受けて、過去形と過去完了形の言語形式の違いに気づいた者と気づかなかった者との伸びの差でも裏づけられています。

次に、その伸びの差をB, Cグループの学生の記述から考察することにします。推論発問の問1に関しては、(1) He started a shoe store. (2) He changed his name to Ralph D. Spencer. の2文は、2つの過去の出来事をいずれも過去形で表現しているので、「靴屋を始めた後でラルフと改名した」と、起こったときの順序に従って述べていると解釈できます。一方、問2に関しては、He had firmly resolved to give up his old business of crime. の文で、過去完了は過去のある時点よりも以前の過去（大過去）を表しますので、「婚約の前に金庫破りをやめる決意をしていた」と解釈すべきです。しかしながら、過去完了形の助動詞hadに気づかなかった者は、問1と同様に考えて、「婚約した後に金庫破りをやめる決意をした」と解釈してしまったと考えることができます（図8.4.3参照）。

＜hadに気づいた場合＞
(1) Ralph and Annabel gradually became friendly and eventually were engaged.
(2) He had firmly resolved to give up his old business of crime. He never touched his tools after starting his shoe store.

＜had に気づかなかった場合＞
(1) Ralph and Annabel gradually became friendly and eventually were engaged.
(3) He firmly resolved to give up his old business of crime. He never touched his tools after starting his shoe store.

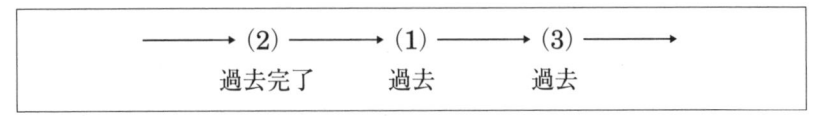

```
――――→ (2) ――――→ (1) ――――→ (3) ――――→
       過去完了      過去        過去
```

図 8.4.3　過去と過去完了の違い

　Bグループに属するAさんは、問1の「ジミーが名前を変えたのはいつか」に対して「靴屋を始めた後」と回答し、その根拠に、「第2段落の『ジミーは靴屋を始めた』に続けて『彼は名前をラルフ・D・スペンサーに変えた』とあるから」と述べています。問2の「ジミーが金庫破りをやめる決意をしたのはいつか」に対しても、最初は「アナベルと婚約した後」と回答し、その根拠に、問1の回答と同様に、「第3段落の『ラルフとアナベルは仲良くなりついに婚約した』の後に『彼は以前の犯罪をやめると強く決意した』と記してあるから」と述べています。ところが、意見交換後の2回目の回答では、「アナベルと婚約する前」と回答を変え、その根拠に、「『ラルフはジミーと仲良くなり、婚約した』という過去形に対して、後続の『以前の犯罪をやめると強く決意した』のは過去完了形で示されているため、婚約したときにはすでに決意していたとするのが自然だから」と回答を変更した理由を述べています。
　一方、Cグループに属するB君は、問2に対して「アナベルと婚約した後」という回答を保持し、初回の回答の根拠として、「婚約した人の父親の金庫破りはしないと思う」を挙げ、2回目の回答にも、「金庫破りをして刑務所に入れられ、出てきてもまだ金庫破りをやめない彼が、それをやめる決意をしたのはやはり婚約の後だからだと思う」と「婚約後」という回答に固執しています。

### 4. まとめ

　本研究の目的は、読解の授業において、推論発問が事実発問よりも文法定着を促進するかどうかを調べることでした。大学生に対して、物語の展

開順序を問う推論発問と、物語の概略を問う事実発問を課す読解授業をそれぞれ行い、過去完了形の時制テストを授業直前、授業直後、および1週間後に実施した結果、推論発問クラスで有意な伸びが観察されました。とくに、過去完了形の形式に気づいた学生に有意な伸びがみられました。この結果は、推論発問の文法定着への有効性を示しています。

附録：テスト問題（Form B）

＜正誤問題＞
彼女は以前にそれを見たことがあったので、彼らとは映画に行かなかった。
　　She didn't go to the movie with them because <u>she had seen it before</u>.
トムがバス停に着いた時にはメアリーは出発してしまっていた。
　　When Tom arrived at the bus stop, <u>Mary had left</u>.
私は財布をなくしていたことを思い出した。
　　I remembered that <u>I lost my wallet</u>.
私はバス停まで走ったが、バスは出発していた。
　　I ran to the bus stop, but <u>the bus left</u>.

＜選択問題＞
私がその都市に着いたとき、店は全部閉まっていた。
　　When I arrived at the city, all the shops 〔A. closed, B. had closed〕.
彼は時計を家に置いてきたことに気づいた。
　　He realised that he 〔A. left, B. had left〕 his watch at home.

＜空所補充問題＞
私たちが大学に着いたときには講義は始まっていた。
　　When we arrived at the university, the lecture (　　　　).
昨晩電話したんだけど、君はもう寝ていた。
　　I called you last evening, but you (　　　　) to bed.

注）本節は、島田（2010）をもとに修正加筆を行ったものです。

## 8.5 推論発問は協同学習をどのように促すか

**1. 調査の目的**

英語のリーディング指導において、推論発問の答えやその根拠を学習者同士で議論させた場合、そのやりとりにはどのような傾向が見られ、テキストはどのように理解されていくのでしょうか。そこで、個人で推論発問を考えさせた後に、学習者同士でその答えと根拠を話し合う活動を設けた場合に、学習者の読みに対する意識がどのように変化するのかを質問紙調査により検討し、その話し合いにはどのようなパターンが見られるのかをビデオに録画し分析することにしました。

**2. 調査の方法**

大学1、2年生7人(男子2名、女子5名)を被験者として調査を行いました。気心の知れた者同士のほうが活発な話し合いができると想定し、同じ専攻の学生のみでグループを構成することにしました。

調査は図8.5.1のような流れで行いました。まず、物語文と事実発問が書かれた用紙を被験者に配り、事実発問の書かれた用紙に答えを記入させました。事実発問の答え合わせを被験者全員でした後、推論発問の用紙を配り、答えとその根拠を用紙上に記入させました。そして、推論発問の答えとその根拠について被験者全員で話し合いをさせました。

被験者に回答させた具体的な発問は、事実発問(例：ジミーはなぜ刑務所に入っていましたか)と推論発問(例：ジミーが刑務所から出たとき、ジミーはどのようなことを考えていたと思いますか)の2種類です。事実発問は1枚の用紙に書かれ、8つ出題しました(資料1-1参照)。推論発問は5つ出題しました(資料1-2参照)。事実発問に答えさせた後に、推論発問を印刷した別の用紙を配布しました。推論発問では、答えとその答えに至った根拠も解答用紙に書くよう指示しました。

調査の対象と分析方法は次の通りです。

**(1) 被験者の読みに対する意識は、どのように変化するのか**

事実発問後＜調査①＞、推論発問後＜調査②＞、話し合い後＜調査③＞

の3段階で、同じアンケートに回答させ、その結果を比較することにしました。アンケートでは、評定法による質問紙が使用され、物語は①面白かった、②難しかった、③好きである、④深く読んだ、⑤印象に残っている、⑥主題が理解できた、⑦もっと読みたい、という7項目に7件法で回答させました（資料2-1参照）。

**(2) 推論発問後の話し合いに対し、被験者はどのような感想を持つのか**
　話し合い後＜調査③＞の段階で、話し合いに対する感想を自由記述の形で被験者に回答させ、その結果を分析することにしました。この自由記述による調査では、推論発問が好きかどうか、話し合いは好きかどうか、そしてそれぞれの理由について自由に書く形をとりました（資料2-2参照）。

**(3) 話し合いでのやりとりに、どのような特徴が見られるのか**
　被験者の話し合いを録画し、その発話を文字化し、分析することにしました。

図8.5.1　調査の流れ

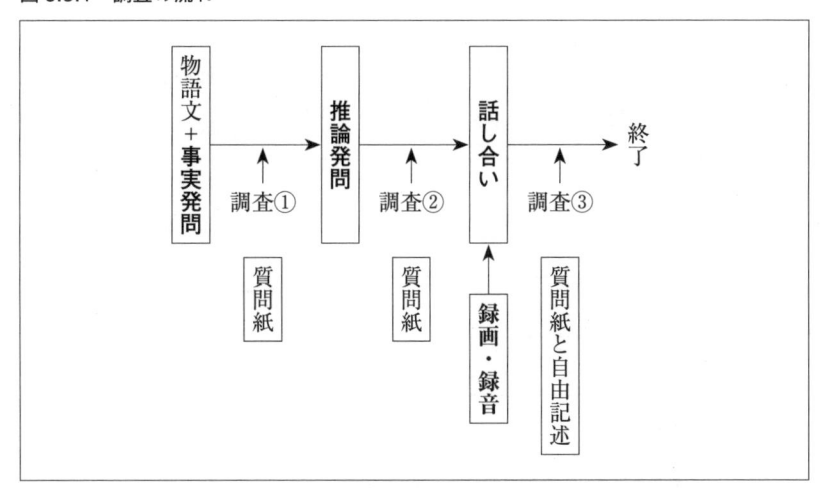

## 3. 調査の結果と考察
### (1) 推論発問や話し合いの結果、読解に対する意識はどう変化するのか

　被験者の読解に対する意識がどのように変化するのかを、質問項目の平均をもとに表したものが図 8.5.2 です。まず、事実発問後に行った質問項目のうち、「④深く読んだ」と「②難しかった」という項目は低かったものの、それ以外の「①面白い」、「③好き」、「⑤印象的」などの項目では平均が比較的高いことがわかりました。次に、推論発問後に行った質問項目の平均は、「④深く読んだ」と「②難しかった」という項目は上がった一方で、それ以外の「①面白い」、「③好き」、「⑤印象的」などの項目については、事実発問後よりも若干落ちることが明らかになりました。そして、推論発問をした後の話し合いをした後の平均では、「②難しかった」という項目以外は、質問項目全体として高くなることがわかりました。このことから、被験者は推論発問に答えた後、テキストを肯定的に捉える割合が若干下がり、話し合い後には再びテキストを肯定的に捉え直すことが明らかになりました。

図 8.5.2　質問項目の平均の変化 (n=7)

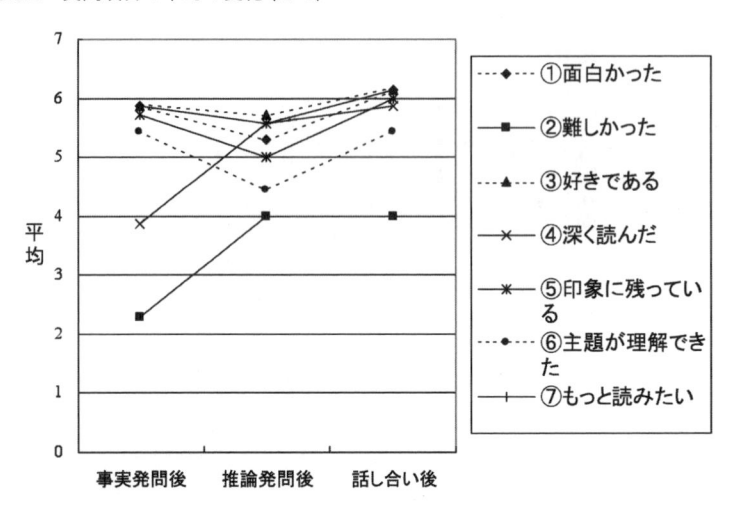

表 8.5.1　質問項目ごとの平均（n=7）

|  | 事実発問後<br>平均（標準偏差） | 推論発問後<br>平均（標準偏差） | 話し合い後<br>平均（標準偏差） |
| --- | --- | --- | --- |
| ①面白かった | 5.86 (0.90) | 5.29 (0.76) | 6.14 (0.69) |
| ②難しかった | 2.29 (1.25) | 4.00 (0.82) | 4.00 (1.53) |
| ③好きである | 5.86 (0.90) | 5.71 (1.11) | 6.14 (0.90) |
| ④深く読んだ | 3.86 (1.46) | 5.57 (1.27) | 5.86 (1.21) |
| ⑤印象に残っている | 5.71 (0.95) | 5.00 (0.82) | 6.00 (0.82) |
| ⑥主題理解できた | 5.43 (0.98) | 4.43 (1.13) | 5.43 (1.13) |
| ⑦もっと読みたい | 5.86 (1.07) | 5.57 (0.79) | 6.14 (0.90) |

**(2) 推論発問の話し合いに対しどのような印象を持ったのか**

では、なぜ推論発問後にテキストに対する肯定的な割合が低くなり、話し合い後には再びテキストを肯定的に捉えることになったのでしょうか。自由記述による調査結果をもとに考察します。以下は、自由記述の質問項目①に対する被験者全員の回答結果です。

＜自由記述①＞　読解後に考えた問 9～13 のような問いを考えることは好きか。なぜそう思うのか。

　（学生 A）好き。物語を深く読むことができるから。
　（学生 B）好き。自分の気持ちを整理できたり、他人の考えを知れて見解が深まったりしたから。
　（学生 C）好き。物語を掘り下げて追求することによって「深み」が出てくると思うから。
　（学生 D）好き。いろいろな想像の幅があり、考えるのが楽しい。
　（学生 E）好きではない。理由を考えたりするのが難しいから。記入している時間が嫌だった。
　（学生 F）好きではない。答えに対する理由を深く考えるのが苦手だから。
　（学生 G）好き。一度読んだ物語をもう一度深く考え直せるから。また、考えるたびに新たな考えや答えが浮かんでくるから。

自由記述①では、推論発問をすることが好きかどうか、その理由は何か

を尋ねました。その結果、7人中5人が推論発問に答えることが「好き」としているのに対し、学生E、学生Fの2人が「好きではない」であると答えました。その理由は、推論発問の答えの理由を考えるのが難しい、深く考えるのが苦手だからとしています。このことから、推論発問に答えることは学生にとっては面倒なことであり、推論の根拠を深く考えるということにあまり慣れていないために、事実発問後よりも推論発問後の調査において、テキストを肯定的に捉える割合が低くなったのではないかと考えられます。

次に、推論発問後に話し合いをした結果、被験者がテキストを肯定的に捉え直した理由を、次の自由記述②の回答結果をもとに考えてみましょう。

＜自由記述②＞ 読解後に行った話し合いのような形式の授業は好きか。なぜそう思うのか。
(学生A) 好き。様々な意見が聞けて興味深かった。
(学生B) 好き。他者の考えを知ることができるから。
(学生C) 好き。いろんな人の意見が聞けて考え方が深まるから。
(学生D) 好き。さまざまな人の意見や考え、想像を聞くことで、自分の物語に対する理解や関心が広がり、新しい世界観を得られるから。また、正解がないということで、積極的に発言できていい。
(学生E) 好き。他人の意見を聞くことで、視野が広がり物語のいろんなところに目を向けられたから、そのときの気づきが面白かった。この話し合いのためなら、少し面倒な問9から問13も解答しても良いと思えた。
(学生F) 好き。他の人の意見を聞くことで、自分だけでは気づかなかった視点に気づき、物語をさらに深く読むことができるから。
(学生G) 好き。自分の考えだけでなく、他の人の考えを聞くことで違った考え方を発見できるから。また、他の答えを聞くことを通して自分の考えを深めることができるから。

自由記述②では、話し合いの形式の授業スタイルが好きかどうかと、その理由を尋ねました。その結果、全員が好きであると答え、他者の意見を聞くことが面白い、物語文の理解を深めることに話し合いが役立った、とする理由が多く見られました。また、自分では気づけなかったところに気

づくことができた、という意見も見られました。推論発問後に、答えとその根拠を話し合うことがテキストの理解に役立ち、その結果、物語文を肯定的に捉えるようになったことがわかります。

　これらのことから、推論発問に答えることに慣れておらず、推論発問に苦手意識を少なからず感じる学習者がいることが明らかになりましたが、学習者同士で話し合いの場を持ち他者の考えを共有する中で、物語文の面白さや推論発問の価値を再認識する可能性があることが明らかとなりました。

## (3) 話し合いでのやりとりに、どのような特徴が見られるのか

　では、推論発問を起点とした話し合いの中でどのようなやりとりが行われたのでしょうか。以下は、推論発問後の7人の学生による話し合いをビデオに録画し、文字化し分析したものです。Tは教師の発言、他のアルファベットは被験者の発言を示しています。ここでは、紙幅の関係上、興味深いやりとりが見られた問9について見てみることにします（詳しくは、田中2009bを参照）。

　問9は、「ジミーが刑務所から出たとき、ジミーはどのようなことを考えていたと思いますか」という問いであり、その問いに対し、学生C、学生A、学生B、学生Dの順で4人が発言しています。

> *T1:* C1さんから。
> *C1:* ①やっと出られたから、もうこんなことはしないでおこう。
> *T2:* こんなことってどんなことですか。
> *C2:* 強盗。
> *T3:* そう考えた根拠は何でしょう？
> *C3:* もう懲りたと思います。
>
> *T4:* どうでしょう。このほかの考えはありますか。
> *A1:* ②ジミーは出所してすぐに、また強盗したから、③別に今回懲りてなくって、今回だけつかまっちゃって、ふん、だったなみたいな感じだったと思います。
> *T5:* まったく別の意見ですね。

T6：どうでしょうか。そのほか意見ありますか。
B1：私は、④とくに何にも考えてなくって出所したと思う。今までと同じでいいと思ったと思います。
T7：どういうこと？
B2：⑤出所した後も、結局盗みをしたから、変わろうという気もなかったし、なんか生きていければいいやという感じがしました。
T8：そう考えた理由は何ですか。
B3：また盗みをしたから。

T9：ほかに何かありますか。
D1：⑥ジミーはまた銀行強盗をして暮らしていこうと考えていたんじゃないかと思うんですけど。というのは、出所したときの、⑦一番最初の段落のところで、こう出所しましたみたいに書いてあって、⑧その下の段落のところに、すぐにジミーは道具をまた取りに行ったみたいな感じで書いてあるので、⑨これは絶対、反省していなくて、またやるなっていうふうな感じで、次に、⑩これはジミーがやったとは書いてないんですけど、流れからして、これは絶対やっていると思うんで、やっぱり、そういうふうに考えていたんじゃないかなと思います。

　学生Cは、主人公のジミーは、刑務所から「やっと出られたから、もうこんなことはしないでおこう」と主人公は罪を後悔していたと推測しています（①）。その後、学生Aや学生B、学生Dの3人が、まったく逆の意見を述べています（③、④、⑥）。つまり、ジミーは盗みへの後悔はまったくしておらず、また金庫破りをしてやろうと考えていたのではないかということを、出所後すぐに盗みをしたと書かれているとテキスト情報を根拠にして述べています（②、⑤）。とくに学生Dは、ジミーはまた金庫破りをして暮らそうと考えていたとする推測を、テキスト内の根拠を挙げて詳しく説明していることがわかります（⑦、⑧、⑨、⑩）。

　学生Cの答えは誤りですが、学生Cは、自分とは異なる3人の意見とその根拠を聞いていたことになります。学生Cの自由記述での回答を見てみると、推論発問が好きかどうかについて尋ねた自由記述①では、深みが出てくるから好きであると答えており、話し合いの形の授業が好きかどう

かを尋ねた自由記述②では、いろんな人の意見が聞けて考えが深まるから好きであると答えていました。このことから、1人で読んでいただけでは浅かった理解が、他者の意見を聞くことで、より深まった可能性があるのではないかと考えられます。

　ちなみに、問10の「ジミーにとってアナベルがどれだけ大切だったかわかるジミーの行動は何でしょうか」という問いに対し、学生G、B、E、A、C、Dの6人の学生が発言しました。ジミーにとってアナベルが大切であったことがわかるジミーの行動として、学生Gは金庫のドアをジミーが開けたこと、学生Bは盗みの道具に触らなかったこと、学生Aは犯罪をしないと決心したこと、を挙げました。学生Cは靴屋を始めたことと答え、その意外な答えにグループに笑いが起きました。学生Eは、盗みの道具に触らなかったという学生Bの意見に深くうなずき、その学生Eにうなずいた理由を尋ねた結果、自分と異なる解釈に感心したと答えていました。

## 4. まとめ

　読解に対する被験者の意識変化を質問紙調査によって調べた結果、事実発問後に比べて推論発問をした直後は、読みに対する肯定的な意見の割合がいったん低くなるものの、その後、推論発問をもとに話し合いをした結果、英文の読みに対する肯定的な意見の割合がまた高くなることがわかりました。そして、自由記述による調査では、推論発問後の話し合いについて参加者全員が肯定的に捉えていることがわかりました。また、話し合いのやりとりを分析した結果、他者とのやりとりの中で、自分と異なる解釈方法に気づいたり、不十分な理解を補ったりするという、お互いにテキスト理解を深める協同的な学習が行われていることが明らかとなりました。これらのことから、推論発問後に話し合いの場を持つことが、読みに対する興味や推論発問の価値を認識させるきっかけになる可能性があるのではないかと考えられます。

　推論発問には、読み手がテキスト内にあるさまざまな根拠をもとに異なる推論を導き出すという特徴があります。そのような推論発問の特徴を生かすとすれば、個人レベルで発問に答えを考えさせる授業を終えるのではなく、推論発問への答えとその根拠を他の学習者と共有し、他の学習者の意見を通して自分の読みを深めるという協同学習の場を授業の中に作ることが、推論発問を効果的に活用していく上で大切であると思われます。つ

まり、事実発問で文字通りの意味を理解させた後に、推論発問を考えさせることで、再度違った角度から生徒にテキストを読ませることになり、さらには、推論発問の答えを生徒同士で話し合わせることで、テキストに対する理解をさらに深めさせる可能性があると考えられます。本研究は、少数の被験者を対象とした小規模な調査であるため、今後の研究課題としては、読解指導における協同学習の起点としての推論発問の効果を一般化することができるのかどうかについて、さらに検討していく必要があります。

**資料 1-1　事実発問**
問 1　ジミーはなぜ刑務所に入っていましたか。
問 2　ジミーがエルモアの町に住もうと決めた理由は何でしょうか。
問 3　ジミーがアナベルと婚約した後、どういう決心をしましたか。
問 4　エルモア銀行の金庫はどのような金庫でしたか。
問 5　新しい金庫のお披露目でどのようなことが起きましたか。
問 6　アナベルはラルフ（＝ジミー）に何を訴えましたか。
問 7　ジミーはアナベルの訴えに対しどのような行動をとりましたか。
問 8　警官はジミーの行動にどのような態度を示しましたか。

**資料 1-2　推論発問**
問 9　ジミーが刑務所から出たとき、ジミーはどのようなことを考えていたと思いますか。
問 10　アナベルがジミーにとってどれだけ大切だったかわかるジミーの行動は何でしょうか。
問 11　ジミーが深呼吸して突然立ち上がったとき、ジミーはどのようなことを考えたと思いますか。
問 12　ジミーに対する警官の行動に、ジミーはどのようなことを感じたと思いますか。
問 13　この物語の主題は何でしょうか。主題とは筆者が読者にもっとも伝えようとしていることです。

**資料 2-1　評定法による質問項目**
　次の質問に書いてあることは、どの程度当てはまりますか。それぞれの質問で当てはまる数字を 1 つ選んで○で囲んでください。(1…全くそう思

わない　2…あまりそう思わない　3…どちらかと言えばそう思わない　4…どちらとも言えない　5…どちらかと言えばそう思う　6…かなりそう思う　7…とてもそう思う）

① この物語は面白かった　　　　　1 --- 2 --- 3 --- 4 --- 5 --- 6 --- 7
② この物語は難しかった　　　　　1 --- 2 --- 3 --- 4 --- 5 --- 6 --- 7
③ この物語は好きである　　　　　1 --- 2 --- 3 --- 4 --- 5 --- 6 --- 7
④ この物語を深く読んだ　　　　　1 --- 2 --- 3 --- 4 --- 5 --- 6 --- 7
⑤ この物語は印象に残っている　　1 --- 2 --- 3 --- 4 --- 5 --- 6 --- 7
⑥ この物語の主題が理解できた　　1 --- 2 --- 3 --- 4 --- 5 --- 6 --- 7
⑦ このような物語をもっと読みたい　1 --- 2 --- 3 --- 4 --- 5 --- 6 --- 7

**資料 2-2　自由記述**

次の質問に対し、あなたの考えを自由に述べてください。
① 読解後に考えた問9〜13のような問いを考えることは好きですか。なぜそう思いますか。
② 読解後に行った話し合いのような形式の授業は好きですか。なぜそう思いますか。

注）本文は、田中（2010a）の論文をもとに、加筆修正を行ったものです。

## 教科書テキスト出典

2.1 開隆堂 H8. Something for Joey <*Sunshine English Course 3*, pp. 68-69>
2.2 三省堂 H18. The Whale Rider <*New Crown English Series 3 New Edition*, pp.38-39>
　　東京書籍 H18. A Mother's Lullaby <*New Horizon English Course 3*, pp. 34-35>
2.3 東京書籍 H18. Can Anyone Hear Me? <*New Horizon English Course 2*, pp. 88-91>
　　開隆堂 H1. Who Caught the Fish? <*Sunshine English Course 3*, p.11>
2.4 三省堂 H12. A Present for You <*New Crown English Series 3*, pp. 30-32>
　　文英堂 H6 Outward Bound <*Unicorn English Course 1*, pp.26-27>
3.1 東京書籍 H18. それぞれのお正月 <*New Horizon English Course 1*, p.95>
　　東京書籍 H18. Our Sister in Nepal <*New Horizon English Course 3*, p.21>
3.2 三省堂 H18. At a Nature Park <*New Crown English Series 1*, p.37>
3.3 三省堂 H18. A Vulture and a Child <*New Crown English Series 3*, p. 64>
3.4 三省堂 H18. At a Nature Park <*New Crown English Series 1*, p.38>
3.5 東京書籍 H18. Baseball Friends <*New Horizon English Course 2*, p.5>
　　東京書籍 H18. A Park or a Parking Area? <*New Horizon English Course 2*, p.51>
4.1 増進堂 H17. Days with Rose <*Mainstream Reading Course*, p.6>
　　三省堂 H15. Good Ol' Charlie Brown <*Crown English Series I*,

pp.120-121>
4.2 三省堂 H18. I Have a Dream <New Crown Egnlish Series 3, p.54>
4.3 三省堂 H18. I Have Never Seen You Before <Orbit English Reading, pp.76-81>
4.4 三省堂 H10. When Did You Last See Your Father? <Orbit English Series I, pp. 99-102>
4.5 三省堂 H20. The Tale of Bedd Gelert <Vista II Step Two, pp. 52-55>
4.6 三省堂 H19. On s Stormy Night <Exceed English Series I, pp. 42-45>
5.1 文英堂 H19. Alex the Parrot <Unicorn English Course I, pp. 30-31>
5.2 三省堂 H15. Singlish Bad; English Good <Crown English Series II, p. 85>
5.3 三省堂 H21. The Moon Illusion <Crown English Reading, p. 38>
5.4 文英堂 H20. The Future of Cloning <Unicorn English Course II, pp.119-120>
5.5 桐原書店 H21. Critical Thinking and Reasoning Skills <Provision English Reading New Edition, p.72>
6.1 三省堂 H18. Sharing with Language <New Crown Engish Series 3, p.71>
6.3 東京書籍 H18. Tne Shamisen Concert <New Horizon English Course 3, p.15>
7.1 三省堂 H13. School in the USA <New Crown English Series, pp.50-52>
7.3 文英堂 H19. Alex the Parrot <Unicorn English Course I, pp.32-33>
8.0 三省堂 H18. I Have Never Seen You Before <Orbit English Reading, pp.76-81>

# 参考文献

青木昭六・浜田忍(2005)「コミュニケーション能力を育成するための発問のあり方」『愛知学院大学人間文化研究所紀要』第20号 pp.427-452

青木昭六(2008)「第2章 コミュニケーション推進力としての推論能力」村田久美子・原田哲男(編著)『コミュニケーション能力育成再考』pp.27-51 東京:ひつじ書房

Been, S. (1975). Reading in the foreign language teaching program. *TESOL Quarterly, 9,* pp.233-242.

Bernhardt, E. (1993). *Reading Development in a Second Language : Theoretical, Empirical, and Classroom Perspectives.* Norwood, NJ : Ablex.

Ellis, R. (2008). *The Study of Second Language Acquisition (Second Edition).* Oxford : Oxford University Press.

深澤清治(2008).「読解を促進する発問作りの重要性:高等学校英語リーディング教科書中の設問分析を通して」『広島大学大学院教育学研究科紀要』第二部 Vol.57 pp.169-176

Graesser, A. C., Singer, M., & Trabasso, T. (1994). Constructing inferences during narrative text comprehension. *Psychological Review, 101* (3), pp. 371-395.

池野修(2000)「読解発問」高梨庸雄・卯城祐司(編)『英語リーディング事典』pp.73-88 東京:研究社

伊佐地恒久(2009)「高校生のための読みを深める読解発問づくり」『中部地区英語教育学会紀要』第38号 pp.421-428

伊佐地恒久(2010)「高校生が読解発問の解答にたどり着く認知プロセスについて」『中部地区英語教育学会紀要』第39号 pp. 303-310

Kintsch, W. (1993). Information accretion and reduction in text processing : Inferences. *Discourse Processes, 16*, pp. 193-202.

Kintsch, W. (1998). *Comprehension : A Paradigm for Cognition.* Cambridge : Cambridge University Press.

Koda, K. (2004). *Insights into Second Language Reading.* Cambridge : Cambridge University Press.

小池生夫(編集)(2003)『応用言語学事典』東京:研究社

# 参考文献

国立教育政策研究所 (監訳) (2004)『PISA2003年調査評価の枠組み：OECD生徒の学習到達度調査』東京：ぎょうせい

国立教育政策研究所 (編) (2007)『生きるための知識と技能2：OECD生徒の学習到達度調査 (PISA)』東京：ぎょうせい

紺渡弘幸 (2009) 「推論を要求する発問の読みを促進する効果」未発表論文

甲田直美 (2009)『文章を理解するとは： 認知の仕組みから読解教育への応用まで』東京：スリーエーネットワーク

Lee, J. & VanPatten, B. (2003). *Making Communicative Language Teaching Happen* (2nd ed.). New York: McGraw-Hill.

Long, D. L., Golding, J. M., Graesser, A. C. & Clark, L. F. (1990). Goal, event, and state inferences: An investigation of inference generation during story comprehension. *Psychology of Learning and Motivation, 25,* pp. 89-102.

森敏昭・中條和光 (編) (2005)『認知心理学キーワード』東京：有斐閣

Nuttall, C. (2005). *Teaching Reading Skills in a Foreign Language.* Oxford: Macmillan.

奥村信彦 (2011)「発問のタイプが物語の理解度に及ぼす影響—英語力との関係について—」『中部地区英語教育学会紀要』第40号 pp.1-8

大下邦幸・広瀬由美子 (1997)「読解力を高めるための効果的方法：発問のあり方を中心として」『福井大学教育実践研究』第22号 pp.265-280

大下邦幸 (編著) (2009)『意見・考え重視の英語授業—コミュニケーション能力養成へのアプローチ』東京：高陵社書店

Shimada, K. (1992). The effect of inferential questions on reading comprehension. *Annual Review of English Language Education in Japan, 3,* pp.99-108.

島田勝正 (2005)「観点別・絶対評価に基づく中学校「英語科」評価の評価」 神戸市中学校英語教育研究会講演資料

島田勝正 (2009)「読解授業における推論的発問」『中部地区英語教育学会紀要』第38号 pp. 399-404

島田勝正 (2010)「読解において推論的発問が言語形式の気づきに与える効果」『中部地区英語教育学会紀要』第39号 pp. 319-326

Singer, M. (1994). Discourse inference processes. In M. A. Gernsbacher (Ed.), *Handbook of Psycholinguistics*, pp. 479-515. San Diego, CA: Academic Press

清水真紀(2005)「リーディングテストにおける質問タイプ:パラフレーズ・推論・テーマ質問と処理レベルの観点から」『STEP Bulletin』第17巻 pp. 48-62

高梨庸雄・卯城祐司(編) (2000)『英語リーディング事典』 東京:研究社

田中武夫・田中知聡 (2009a)『英語教師のための発問テクニック:英語授業を活性化するリーディング指導』東京:大修館書店

田中武夫 (2009b)「英文読解における推論発問をもとにした協同学習について」『山梨大学教育人間科学部紀要』第11巻 pp.182-192

田中武夫 (2010a)「よい『発問』・わるい『発問』:授業を変える発問とは」『英語教育』4月号 pp. 10-13

田中武夫 (2010b)「英語教育キーワード2010年版:発問」『英語教育』10月増刊号 pp. 38-39

津田塾大学言語文化研究所読解研究グループ(編) (2002)『英文読解のプロセスと指導』東京:大修館書店

築道和明 (1989a)「英語読解指導における発問」『島根大学教育学部紀要(教育科学)』第23巻, 第2号 pp. 47-53

築道和明・法則化中学英語 (1989b)『英語授業を演出する』 東京:明治図書

築道和明 (1989c)「読みを促す発問を考える」『現代英語教育』12月号 pp.34-36

卯城祐司(編著) (2009)『英語リーディングの科学:読めたつもりの謎を解く』東京:研究社

Watanabe, K. and Mori, A. (2002). Effects of inferential questions on EFL reading comprehension at the junior high school level. *Memoirs of Osaka Kyoiku University, 51* (*1*), pp.55-69.

Widdowson, H. G. (1978). *Teaching Language as Communication*. Oxford: Oxford University Press.

[編著者紹介]

田中武夫（たなか・たけお）

山梨大学准教授。福井県出身。兵庫教育大学にて学校教育学博士取得。著書に、『「自己表現活動」を取り入れた英語授業』『英語教師の発問テクニック―英語授業を活性化するリーディング指導』（ともに共著、大修館書店）などがある。

島田勝正（しまだ・かつまさ）

桃山学院大学教授。三重県出身。マッコーリー大学にて応用言語学修士、兵庫教育大学にて教育学修士取得。著書に、『英語授業実例事典』（共著、大修館書店）、『新しい英語教育のために』（共著、成美堂）がある。

紺渡弘幸（こんど・ひろゆき）

仁愛大学教授。福井県出身。福井大学にて教育学修士取得。著書に、『これからの英語教育―研究と実践』、『コミュニカティブ・クラスのすすめ―コミュニケーション能力養成の新たな展望』（ともに共著、東京書籍）がある。

[執筆者紹介・執筆分担]

雨宮靖子
　　山梨県立甲府西高等学校教諭　《5.5，7.1》
伊佐地恒久
　　岐阜聖徳学園大学准教授　《4.6，5.2，7.3，8.3》
奥村信彦
　　長野工業高等専門学校教授　《3.4，4.1，4.4，5.4，8.2》
紺渡弘幸
　　仁愛大学教授　《4.3，7.2，8.0，8.1》
島田勝正
　　桃山学院大学教授　《第2章，3.1，3.5，4.5，8.4》
田中武夫
　　山梨大学准教授　《第1章，3.0，4.0，5.0，第6章，7.0，8.5》
森　暢子
　　愛知工業大学非常勤講師　《3.2，3.3，4.2，5.1，5.3》
※あいうえお順

### 推論発問を取り入れた英語リーディング指導　深い読みを促す英語授業

2011年9月1日　第1刷発行

編著者　田中武夫・島田勝正・紺渡弘幸
発行者　株式会社三省堂　代表者　北口克彦
発行所　株式会社三省堂
　　　　〒101-8371　東京都千代田区三崎町二丁目22番14号
　　　　電話　編集　03-3230-9411
　　　　　　　営業　03-3230-9412
　　　　振替口座　00160-5-54300
　　　　http://sanseido.co.jp/
印刷者　三省堂印刷株式会社

©Tanaka Takeo, Shimada Katsumasa, Kondo Hiroyuki, 2011 Printed in Japan
ISBN 978-4-385-36557-2　　　　　　　　〈英語リーディング指導・200pp.〉
乱丁本・落丁本はお取替えいたします。

> Ⓡ本書を無断で複写複製することは、著作権法上の例外を除き、禁じられています。本書をコピーされる場合は、事前に日本複写権センター（03-3401-2382）の許諾を受けてください。また、本書を請負業者等の第三者に依頼してスキャン等によってデジタル化することは、たとえ個人や家庭内での利用であっても一切認められておりません。